KB168331

집값의
거짓말

김원장 기자가 팩트체크한 땅, 집 그리고 가격

집값의 거짓말

김원장 지음

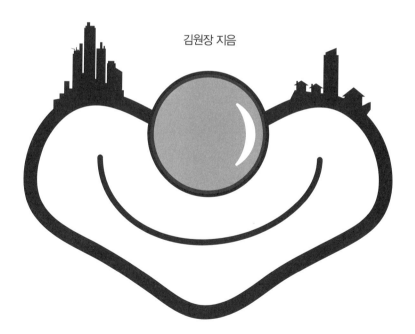

해냄

사실 우리는
부동산을 잘 모른다

다들 아파트를 사겠다고 합니다. 반포 자이, 반포 래미안퍼스티지, 뚝섬 갤러리아포레, 그리고 도곡동 타워팰리스…. 하나같이 서울을 대표하는 아파트들입니다. 한 채에 30~40억 원씩 합니다. 이 아파트들은 처음엔 분양이 잘 안 됐습니다. 미분양이 극심했습니다.

왜 그때는 사지 않고, 지금은 모두 이 아파트를 사려고 할까?

2008년 완공된 반포 자이는 그중 566가구가 일반 분양됐습니다. 절반 이상이 안 팔렸습니다. 이듬해 GS건설은 156채를 부동산 투자신탁에 통매각했습니다. 매각 대금은 1,405억 원쯤으로 한 채당 8~9억원을 받았습니다. 지금은 20~30억원이 넘으니 GS건설 입장에선 땅을 칠 일입니다.

이 무렵 안 팔리는 새 아파트를 처분하기 위해 건설사들은 앞다투어 해외 교민들까지 모시고 왔습니다. 그때와 지금, 반포 자이는, 부동산 시장은, 우리는 뭐가 달라진 걸까?

이 책은 아파트에 대한 글이라기보다, 부동산 시장에 참여하는 우리의 마음을 살펴보는 책입니다. 집값은 대체 왜 오르며, 우리는 왜 이리 집을 사지 못해 안달일까?

① 집값이 오른다는 가장 흔한 논리적 근거는 수요는 늘었는데, (정부 규제로) 공급이 줄었다는 주장입니다. 통계청의 집계에 따르면 서울은 400만이 넘는 가구가 삽니다. 어떤 해는 가구 수가 줄고, 어떤 해는 늘어납니다. 많게는 한 해 5~6만 가구가 늘어납니다.

그런데 서울의 인구는 해마다 줄어듭니다. 인구는 줄어드는데 가구 수는 늘어나는 까닭은 1~2인 가구가 늘어나기 때문입니다. 그러니 서울의 가구 수가 1년에 설령 5만 가구나 늘어난다고 해도, 주택을 매입하려는 2인 이상 가구는 최대한 많이 잡아도 해마다 3~4만 가구 정도 늘어날 겁니다.

서울에는 해마다 6~8만 채 정도 신규 주택이 들어섭니다. 여기서 멸실되는 노후주택 수를 빼면 서울의 주택 수는 매년 2~4만 채쯤 순증합니다. 그러니 주택 공급이 부족해 집값이 오른다는 주장은 대부분 틀린 주장입니다.

사실은 집값 상승을 기대하며 집주인들이 집을 잘 팔지 않으면서, 기존 주택의 매물이 줄어든 것이 훨씬 더 큰 이유입니다. 결국 (집주인들의) 마음의 문제인 것이죠.

② 누구는 집값 상승의 원인은 금리가 낮아지고, 시중유동성이 풍부해져서라고 합니다. 맞는 말입니다. 모든 가격의 근본에 '금리'가 있습니다. 하지만 금리는 2008년 이후에도 급격하게 떨어졌습니다. 5퍼

센트를 넘었던 기준금리는 2009년이 지나면서 2퍼센트대로 떨어졌습니다. 그런데 그때는 왜 집값이 오르지 않았을까?

서울의 아파트 가격은 2008년부터 2014년까지 계속 떨어졌습니다. 그때도 대출 이자율이 반 토막 났는데 우리는 왜 아파트를 안 샀을까?

③ 혹시 집값이 오르는 진짜 이유는, 우리 마음이 변해서가 아닐까? 우리는 부동산 시장에 과연 합리적으로 접근할까?

압구정 현대아파트 가격은 10년 전 32평형이 10억 원 정도였습니다. 다들 팔려고 했습니다. 한 동에서 대여섯 가구가 매물로 나온 적도 많습니다. 지금은 30억 원이 넘습니다.

> 지금 온갖 과학적 근거를 대면서 서울의 아파트값이 오를 수밖에 없다고 주장하는 전문가들은, 왜 그때는 압구정 현대아파트를 사라고 하지 않았을까?

그때는 시장에 합리적으로 접근하지 않던 우리가, 10년이 지나 갑자기 합리적으로 변한 것일까? 그보다 근본적인 질문을 하고자 합니다. 인간은 과연 시장에 합리적으로 대응할까?

마트에서 트리트먼트를 하나 더 끼워 준다고 해서 샴푸를 하나 더 구입한다면 합리적이라고 할 수 있을까? 어떤 사람은 왜 1,000만 원을 내고 에르메스 핸드백을 살까? '스타벅스 서머레디백'에 '농협' 로고가 붙어 있어도 사람들이 그 가방을 사려고 줄을 설까?

우리는 그다지 합리적이지 않습니다. 합리적으로 시장에 참여하려고 노력할 뿐이지요.

분명한 사실은 우리가 남이 하는 대로 따라 하려는 경향이 매우 강한 동물이라는 점입니다. 나의 행복이 남을 기준으로 결정되는 경우도 많습니다. 언론은 매일 아리팍(반포 아크로리버파크)이 또 2억 원 올랐다고 중계를 합니다. 그리고 사실 우리는 적당한 가격보다 비싼 것을 사랑합니다.

제2차 세계대전이 끝나고, 이탈리아의 보석상 제임스 아사엘은 폴리네시아 인근의 흑진주를 수확해 판매했다. 회색빛이 도는 밝은 진주에 익숙한 소비자들은 낯선 검은색 진주에 눈길 한번 주지 않았다. 하지만 몇 해 뒤 맨해튼 5번가의 고급 보석상에 루비, 에메랄드와 함께 터무니없는 비싼 가격의 흑진주가 진열됐다. 소비자들의 발길이 이어졌다. '저 검은 빛깔의 아름다운 진주를 나도 살 수 있을까?'

어떤 언론은 서울의 집이 계속 줄어들 것처럼 분위기를 몰아갑니다. 지금 못 사면 영원히 내 집을 마련하지 못할 것 같습니다. 어떤 부동산 전문가는 '서울 아파트는 오늘이 제일 싸다'라는 제목으로 강의를 합니다. 잘 아는 후배는 참다 참다 결국 청약시장에 뛰어들었습니다.

"사람들이 그것을 간절히 원하게 하는 방법이 있어요. 그것이 곧 사라질 것이라고 믿게 만들면 돼요!"

'미네르바의 부엉이는 해질녘에야 날아오른다.' 헤겔은 모든 일들은 지나봐야 그 현상을 제대로 이해할 수 있다며 이렇게 말했습니다. 집값은 어떻게 될까? 우리는 사실 압구정 현대아파트가 10억짜리인지 30억짜리인지 잘 모릅니다. 어쩌면 단순히 다른 사람들이 그 아파트를 사겠다고 줄을 서자, 나도 따라 줄을 서려는 것일지도 모릅니다.

전문가들은 집값이 오를 수밖에 없는 합리적 이유를 열 가지 과학적 근거를 대며 설명합니다. 어느 날 집값이 내리면 그 전문가들은 다시 열 가지 합리적인 이유를 들어 집값이 내릴 수밖에 없었다고 할 것입니다. 그제야 우리는 '내 그럴 줄 알았지…'라며 시장을 이해한 듯 고개를 끄덕일 것입니다.

그렇다면 집값은 왜 오를까? 시장엔 늘 이유가 존재하는데, 혹시 우리가 원하는 방향으로 그 이유들을 재조립하고 있는 것은 아닐까?

아디다스 이지부스트 러닝화의 가격은 50만 원이 넘습니다. 1년에 단 하루 8월 1일에 30퍼센트 할인된 가격으로 판매한다고 가정하면 그날 소비자들의 줄이 이어질 것입니다. 그런데 오늘 그 제품을 35만 원에 판다고 하더라도, 원래 가격을 모르던 소비자라면 줄을 길게 늘어설까?

만약 지난 가격을 모르고 있다면 오늘 그 아파트를 그 가격에 사려고 할까?

④ 주택공급론을 주장하는 학자들은 계속 서울의 주택공급을 크게 늘리자고 합니다. 저는 그 주장이 일부 맞다고 생각합니다. 그렇다면 얼마나 늘리면 될까?

대치동 은마아파트의 종을 상향해 50층까지 허용하고 1,000가구 정도를 추가로 공급하면, 강남에 살겠다는 우리 국민들의 수요가 좀 줄어들까? 잠실5단지를 길 건너 롯데월드타워(123층)만큼 높게 지으면, 서울의 주택공급에 숨통이 트일까? 서울에 한 10만 채쯤 더 공급하면, 집을 향한 우리의 욕망이 좀 잦아들까? 비로소 집값이 잡힐까?

제가 태어난 1971년, 한국에서는 102만 명가량 신생아가 태어났습니다. 하지만 2019년에는 겨우 30만 명을 넘겼고, 2020년에는 신생아가 29만 명에도 못 미칠 것 같습니다.

시간이 지나 부동산 시장에 진입하는 인구가 3분의 1로 급감하면 그들은 어디에 있는 집을 구입할까? 평택, 시흥, 천안, 제천, 순천, 군산, 안동의 아파트들은 어떻게 될까?

⑤ 집값은 오를 수도 있고 내릴 수도 있습니다. 시장경제가 만들어진 이래 지금껏 오르기만 한 자산이 어디 있을까? 많이 오르다 많이 내리고, 시간이 지나면 또 오릅니다. 하지만 그걸 받아들이기에 우리 마음은 너무 부지런합니다.

앗! 어떤 사람이 저걸 사기 위해 뛰기 시작합니다. '나도 뛰어야 하는 걸까?' 다들 뛰어갑니다. '빨리 쫓아가야지. 나만 뒤쳐지는 건 아니겠지?' '여보! 우리도 서둘러야 돼!'

그런데 저 사람들, 어디를 향해 뛰는 걸까?

2020년 10월, 방콕에서
김원장

1장

뛰는 집값에
우울한 당신에게

2장

부동산 시장을
흔드는 거짓말들

3장

거꾸로 가는
정부의 부동산 정책

4장

점점 더 벌어지는
부의 격차

5장

돈이 범람하는
세상

지금 그렇게 집값이 계속 오를 것이라고 주장하는,

지금이라도 집을 사는 게 좋다고 말하는 수많은 사람들은

왜 5년 전에는 '압구정 현대아파트'를 사라고 하지 않았을까.

그때는 10억 원에 살 수 있었는데…

뛰는 집값에
우울한
당신에게

집값에 대처하는
우리는 합리적인가?

집값이 계속 오릅니다. 서울 집값은 오를 수밖에 없다고 합니다. 집을 사야 하는 건 이제 '참' 명제입니다.

영끌. 영혼까지 끌어 모아 집을 삽니다. 담보대출이 막히자 신용대출이 급증합니다. 2020년 8월 한 달간 가계대출은 무려 12조 원이나 늘었습니다. 아직 급등하지 않은 (또는 급등할 수 없는) 수도권 소형 아파트까지 매수세가 이어집니다. 자산이나 소득이 충분하지 않은 30대까지 부동산 시장으로 내달립니다.

청약 가점이 낮은 이들이 보금자리 대출에 마이너스 통장까지 끌어 모아 이른바 패닉 바잉panic buying 행렬에 뛰어듭니다. 상당수 언론은 매일 아침 이를 부추깁니다.

이상합니다. 2008년부터 2014년 여름까지 집을 팔지 못해서 발을 구르던 대중이 왜 이제 와 집을 못 사서 안달일까?

당시 저는 매일 9시 뉴스에서 '하우스푸어' 보도를 했습니다. 그때 친구들은 아파트를 팔 수 있는 비법을 물었습니다. 이제 그들은 아파트를 살 수 있는 비법을 물어봅니다. 도대체 뭐가 달라진 것일까?

"개인으로서의 인간은 이성과 상식을 갖추고 있지만, 군중 속에서는 바보가 된다." 프리드리히 폰 실러

우리는 왜 이렇게 엉터리일까. 이런데도 우리가 합리적으로 시장에 참여할 수 있을까? 경제학의 오랜 고민이지만, 우리에겐 매일 되풀이되는 일상입니다.

사실 우리는 김연아 선수가 CF에 등장했다는 이유로 삼성에어컨을 세 배 더 구입하는 존재입니다. 김연아와 삼성에어컨의 B/C(비용 대비 혜택)가 대체 무슨 관계일까? 우리는 합리적이려고 노력하거나, 합리적이라고 착각할 뿐, 그다지 합리적이지 않습니다.

그런 불안한 존재라는 걸 사실 우리도 잘 압니다. 그래서 선택한 제일 좋은 방법이 '남을 따라 하기'입니다. 우리는 애초에 그렇게 설계됐습니다. 대중이 '그것'을 소비하거나 투자하기 시작하면 우리는 따라 합니다. 그게 안정적이고 마음이 편합니다.

투기시장은 늘 그렇게 완성됩니다. 자동차가 등장했을 때도, 1920년에 웨스팅하우스에서 라디오를 선보였을 때도, 1990년대에 인터넷이 보급될 때도 그랬습니다.

대중은 제품을 소비하고 관련 자산에 투자합니다. 시대가 바뀌었다고 믿습니다. 자산시장은 과열되고 가격은 급등합니다. 흥분한 대중들이 참여합니다. 조급함은 과감함으로 포장됩니다. 가격은 급등했다가 하락하거나 폭락합니다. 투자하고 이익을 보고 손해보고…. 시장경제는 이렇게 숙성돼 왔습니다.

1989년 우리 돈 300만 원 정도의 월급을 받던 미쓰비시상사의 마쓰이 과장이 도쿄 유자와 지역의 30억 아파트를 살 때도 그랬을 겁니다. 패전국 일본의 제품이 승전국 미국에서 불티나게 팔렸습니다. 온 세계가 'Made in JAPAN'에 열광하고, 마쓰이 과장은 '세상이 바뀌었다'고 믿었습니다. 그 고급 아파트는 지금 12억 원 정도에 거래되고 있습니다.

주가정보지가 처음 등장한 것은 1692년, 우리의 조선 숙종 때입니다. 이 무렵 유럽에선 이미 주가하락에 대비해 풋옵션put option 상품이 등장했습니다.

17세기 지구에서 가장 부유했던 도시 암스테르담에서는 주식 대출이 성행했습니다. (300여 년 전 이미 인류는 동학개미운동을 벌인 것입니다.) 대출받은 돈margin loan으로 하는 단타 매매가 유행했습니다. 주식회사의 신주발행이 있는 날이면 런던의 주요 도로는 마차로 가득 찼습니다. 투자와 투기 시스템이 자리를 잡은 것입니다. 이 무렵 이미 신문에는 '주식투기의 광기'를 경고하는 신문사설이 등장합니다.

1920년대 미국은 주식투자의 천국이었습니다. 최후의 대부자 연방준비제도(연준)가 들어섰고, 금리는 자꾸 낮아졌습니다. 포디즘fordism을 이끌어갈 기술은 하루가 다르게 발전했습니다. 인류는 드디어 완전한 경제시스템을 발견했습니다.

비로소 자본주의는 완성됐습니다. 그야말로 '다른 세상'이 왔습니다. (당시 미국인들이 'BUY & HOLD'라는 말을 'I LOVE YOU'라는 말보다 더 썼다는 기록이 있습니다. 미국인들이 증시투자에 열광할 무렵, 뮤추얼펀드가 《플레이보이》의 표지모델이 된 적도 있습니다.) 하지만 주가는 1929년 10월 폭락했습니다.

모두가 시장경제가 완성됐다고 믿을 때 대공황이 터졌습니다. 자살자가 너무 많아서 뉴욕의 호텔은 체크인 때 "숙박하실 건가요, 자살하실 건가요?"라고 묻는다는 소문이 돌았습니다.

지구인은 늘 투자의 사이클에 휩쓸립니다. 사실은 우리가 투자에 휩쓸려야 투자 사이클이 완성됩니다. 1989년 일본전신전화주식회사NTT의 주가는 주당 320만 엔까지 치솟았습니다. NTT 기업의 시가총액이 독일과 홍콩의 모든 상장기업 시가총액을 뛰어넘었습니다. 그럴수록 그 주식이 사고 싶습니다. 그 뒤 30년 동안 니케이 지수는 아주 천천히 5분의 1로 도막 났습니다.

자산가격이 오를 때 모든 것을 장밋빛으로 해석하던 전문가들은, 자산가치가 떨어지자 떨어지는 낙엽도 악재로 해석합니다. 시장은 비로소 공포에 잠깁니다.

"누가 옷을 벗고 있는지는 썰물이 지나야 알 수 있다." 워런 버핏

우리는 시간이 지나봐야 상황을 알 수 있는 존재입니다.

퇴임하는 한국은행 총재와 식사를 한 적이 있습니다. 그는 우리 금융시장이 마치 KTX의 역방향 좌석에 앉아 바라보는 풍경 같다고 했습니다. 앞으로 다가올 풍경을 예견하기 어렵다는 뜻입니다. 단지 그 풍경이 지나간 뒤에야 상황을 모두 이해할 수 있었다고 했습니다.

통화량을 결정하는 수장조차도 시장의 미래는 알 수 없습니다. 다만 알려고 노력할 뿐. 시간이 지나고 나서야 풍경이 완성됩니다. 우리는 그제야 깨닫습니다.

자산시장은 수많은 변수에 둘러싸여 있습니다. 그 알고리즘을 이해한다고 해도 투자는 참 어렵습니다. 어렵게 분석하고 공부해서 시장을 이해할 무렵, 자산을 둘러싼 투자환경이 변해 있습니다. 투자환경에 익숙해질 만하면, 경기 사이클이 바뀝니다. 사이클을 이해했더니, 이번에는 제도가 바뀝니다. 이런데도 우리가 과학적으로 투자시장에서 승리할 수 있을까?

증시의 수많은 전문가들이 정작 자신의 승률을 밝히면 어떻게 될까? 그 유명한 증권사 투자분석본부장이 세운 투자자문회사의 수익률은 왜 그 모양일까?

가격의 미래를 예측하기란 참으로 어렵습니다. 경마학원이 없는 것처럼 주식 학원도 없습니다. 모든 과목에 일타 강사가 있는데, 주식시장에는 없는 이유입니다. 하물며 부동산의 미래 가격을 예측하는

사람들이란….

앨리슨 고프닉^{Alison Gopnik}이라는 버클리대 심리학과 교수는 저서
『정원사 부모와 목수 부모』에서 정원사와 목수의 차이를 들어 현대 육
아 방법을 설명합니다. 요약하면 이렇습니다.

아이를 돌보는 것은 정원을 돌보는 것과 비슷하고, 부모 되기
는 정원사가 되는 것과 비슷하다는 말이다.

양육 모델에서 부모 되기는 목수가 되는 것과 비슷하다. 당신
은 작업하고 있는 재료의 종류에 주의를 기울여야 하고, 그것
은 만들고자 하는 것에 영향을 미칠 것이다. 그러나 기본적으
로 당신의 일은 그 재료를 시작할 때 마음먹었던 설계에 맞는
최종 산물로 만드는 것이다. 그리고 완성품을 보면 당신이 얼
마나 잘했는지를 평가할 수 있다. 문은 잘 맞는가? 의자는 튼
튼한가?

혼란과 가변성은 목수의 적이다. 정확성과 통제는 동지다. 두
번 측정하고, 한 번에 잘라야 한다.

다른 한편, 정원을 가꿀 때 우리는 식물들이 잘 자라도록 보호
하고 자양분이 많은 공간을 만든다. 그것은 힘든 노동과 이마
의 땀을 필요로 한다. 기진맥진할 정도로 수없이 땅을 파고 비
료를 뿌린다. 모든 정원사들이 알고 있듯이, 예상치 못한 결과
들이 항상 우리를 좌절하게 만든다.

우리는 혹시 투자를 목수처럼 생각하는 것이 아닐까? 하지만 현실에서 투자는 정원사의 그것과 같습니다. 맑은 하늘에 금방 비가 오듯이 금리가 바뀌고, 투자 분위기가 바뀝니다. 정원사처럼 진짜 예상치 못한 결과가 우리를 기다립니다. 투자는 자신이 컨트롤 할 수 없는 것과 컨트롤 할 수 있는 것을 분리하는 데서부터 시작됩니다.

우리는 사실 용적률을 잘 이해하지 못하고 아파트를 삽니다. 연준의 금리인하와 시중유동성과의 관계를 잘 모르고 아파트를 삽니다. 물론 공정시장 가액비율도 모르고, 그래서 나에게 어떻게 재산세가 부과되는지도 정확히 모릅니다.

심지어 아파트 실거래가조차 확인하지 않고 집을 사는 사람도 봤습니다. 우리는 잘 모르고 '그것'을 삽니다. 그렇게 10억, 20억이나 걸려 있는 '용감한' 결정을 합니다. 이유는 많습니다. 하지만 진짜 사고 싶은 이유는 '많이 올랐으니까' 또는 '다들 사니까'라고 마음이 움직여서입니다. 이걸 믿고 전 재산을 거는 투자를 합니다. 그래도 큰 걱정은 없습니다. 다들 하니까.

"그럴 줄 알았다니까."

자산가치가 폭락하고 잔치가 끝나면 우리는 꼭 이런 신박한 분석을 내놓습니다. 그 유명한 사후판단 편향hindsight bias이 작동합니다. 우리는 과거의 잘못된 선택을 심지어 제대로 복기하지도 못합니다. 대중의 집단 움직임을 더 잘 추종하는 사람일수록 이런 경향이 강합니다.

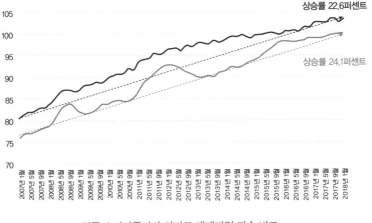

상승률 22.6퍼센트

상승률 24.1퍼센트

전국 소비자물가와 아파트 매매가격 지수 비교

—— 전국 소비자물가　　—— 전국 아파트 매매가격 지수

코스피 지수와 서울 아파트 매매가격 지수 비교

—— 코스피 지수　　—— 서울 아파트 매매가격 지수

이쯤 되면 투기를 부추기던 언론도 돌변합니다. 어리석은 투기 패턴을 비판하는 기사를 쏟아냅니다. 2008년 금융위기가 세상을 휩쓸자, 세계 언론은 모두 무릎 꿇고 반성 모드였습니다. 물론 금방 잊어버리고 몇 년 후 다시 투자 비법의 전도사가 됐지만.

서울의 집값은 단기적으로 많이 올랐습니다. 하지만 30년 주기로 보면 통계적으로 소비자물가나 코스피 상승률을 아주 조금 웃돌 뿐입니다. 서울의 집값 상승률은 코스피 상장기업의 매출 성장률에 훨씬 못 미칩니다. 경제를 조금이라도 아는 사람들은 모두 이 통계를 알고, 경제를 모르는 사람들은 이 통계를 절대 믿지 않습니다.

누구는 아크로리버파크 같은 초고가 주택은 훨씬 더 많이 오르지 않았느냐고 묻습니다. 0.01퍼센트의 자산은 원래 훨씬 가파르게 오릅니다. 에르메스 핸드백이 그렇고, 올 초 전두환 씨가 찾았다는 압구정의 중식집 '다이닝 마'가 그렇습니다. (그 식당의 저녁메뉴는 1인당 40만 원짜리도 있습니다.) 그것은 마치 '카이사르의 것은 카이사르의 것' 같습니다.

그 중식당의 가격이 계속 오른다고 우리 동네 냉면 가격도 곧 5만 원이 될까?

우리는 합리적으로 시장에 반응하고, 합리적으로 분석하며, 그래서 합리적이라고 믿고 '그 선택'을 합니다. 하지만 우리는 매우 제한적으로 합리적일 뿐입니다. 인간이 그렇게 자산가치를 합리적으로 분석한다면, 1989년 일본인들은 왜 NTT 주식을 사지 못해 발을 굴렸을까? 왜 그때 우리는 반포 자이를 분양받지 않았을까? 불과 6, 7년 전

대치동 은마아파트는 9억 원에도 살 수 있었습니다.

그리고 지금 우리는 왜 그토록 부동산 열차에 올라타지 못해 안달일까.

"우리가 곤경에 빠지는 이유는 뭔가를 몰라서가 아니라 뭔가를 분명히 안다고 확신하기 때문이다." 마크 트웨인

그러니 고백할 시간입니다. 우리는 호기심이 많고 성급하고 변덕스러우며 남을 따라 하고, 사실 '그 상품'에 대해 잘 모릅니다. 게다가 그런 사실 자체를 잘 잊어버립니다. 우리가 투자에서 툭하면 손실을 보는 이유가 비단 운이 없어서만은 아닌 것입니다.

B/C

편익과 비용의 가치를 비율로 나타낸 수치다. B/C 비율이 1보다 클 경우 경제성 있는 대안으로 평가한다.

풋옵션

옵션 거래에서 특정 상품을 일정한 가격으로 일정한 기간 내에 매도할 수 있는 권리를 말한다.

포디즘

전용기계를 통한 노동분업의 세분화, 단순반복적인 미숙련 · 반숙련 노동, 노동자의 자율성을 배제한 획일적 · 수직적인 위계질서라는 특징을 가진 생산방식을 말한다.

따져볼 시간입니다. 다수 대중이 '그것'의 가격이 오를 거라고 믿는다고 그것의 가격이 진짜 오를까? 다수가 자산가격 폭락의 공포에 잠겼을 때 정말 자산가격은 영원히 내려갈까? 그걸 이해했으니 이제 '그것'을 팔거나 사면 될까?

하나 더. 당신이 그것을 살 때 파는 사람은 왜 그것을 팔까? 당신이 그것을 팔 때, 그는 왜 그것을 사려고 할까?

부동산 전망이
비껴가는 이유

2008년 전남 함평군은 세금 27억 원을 들여 황금박쥐상을 만들었다. 금이 162킬로그램, 은이 261킬로그램이나 들어갔다. 하지만 관광객들은 이 투박하고 인위적인 조형물을 외면했다. 황금박쥐상은 몇 해 전 군청 창고에 처박혔다. 그런데 갑자기 글로벌 금값이 치솟았다. 2020년 8월 이 황금박쥐의 금 시세는 120억 원을 돌파했다. 미래에 어떤 상황이 찾아올지, 무언가의 가격이 어떻게 될지 우리는 잘 모른다.

몇 해 전 은퇴한 선배는 개포동의 기자아파트에 살았습니다. 전두환 전 대통령이 택지를 개발해 기자들에게 선물하듯이 분양한 주공아파트입니다. 1981년 입주한 이 아파트를 선배는 뒤늦게 청약했습니다. 고층아파트는 다 팔리고, 5층짜리 저층 아파트만 남은 상태였습니다. 형수님은 늦게 청약해서 엘리베이터도 없는 아파트에 살게 됐다며 남편에게 늘 핀잔을 줬다고 합니다.

그렇게 30여 년이 지났습니다. 5층짜리 개포 주공아파트의 가격이 고층아파트에 비해 10억가량 더 비쌉니다. 우리는 시장을 잘 모르고, 시장은 우리 예상을 늘 빗나갑니다.

2014년 정부는 대출 규제를 풀었습니다. 당시 경제부총리는 '한겨울에 한여름 옷을 입고 있는 것'이라고 했습니다. 빚내서 집 사기가 쉬워졌습니다. 이때부터 집값은 오르고 가계부채도 큰 폭으로 올랐습니다. 이제 부동산 시장은 한여름이 됐습니다. 폭폭 찝니다.

그때 시장은 짐작했습니다. '이렇게 급격하게 돈을 풀면 집값이 오를 것이다.'

예상은 맞았습니다. 덩달아 건설 경기도 좋아졌습니다(2016년 우리 경제는 2.8퍼센트 더 키가 컸는데, 키가 자란 부분의 38퍼센트는 건설투자였습니다). 우리는 정부 시그널에 맞춰 빚을 내서 집을 샀고, 성장률까지 끌어올리는 애국을 하고 있습니다.

그런데 집값이 계속 오릅니다. 멈추질 않습니다. 차갑던 부동산 경기는 따뜻해지다 못해 끓어오릅니다. 여기까지는 예측하지 못했습니다. 그동안 우리가 부동산 시장을 잘 예측했을까? 대부분 어이없이 빗나갔습니다.

다음은 대표적인 몇 가지 사례입니다.

① 2000년 서울

삼성은 타워팰리스가 들어설 땅을 1996년에 사들였습니다. 애초에 93층으로 계획했습니다. 이건희 회장이 입주자 자격을 심사하려 했다는 이 '천공의 라퓨타'는 완공도 되기 전인 1997년, IMF 외환위기를 만났습니다.

2000년이 돼서야 분양을 했습니다. 최고 69층, 159제곱미터(49평가량)의 분양가는 9억 원 정도입니다. 하지만 미분양 됐습니다. 비싼(?) 분양가 때문에 외면당했습니다. 상당수가 삼성 임원들에게 떠넘겨졌다는 사실은 비밀도 아닙니다.

1998년 서울의 집값은 14.6퍼센트나 폭락합니다. 누구도 집을 사려고 하지 않았습니다. 부동산 시장은 차갑게 식었습니다. 김대중 정부는 양도세를 크게 깎아주고, 전매제한을 풀었습니다. 1999년에는 청약자격을 완화하고 취·등록세를 감면해 줬습니다. 부동산 불씨는 다시 살아났습니다. 그런데 순식간에 거대한 불길이 됐습니다. 그 불길을 막을 수가 없었습니다.

"그때 타워팰리스만 샀어도…"

2004년 3차 G동이 완공될 무렵 타워팰리스 집값이 급등하기 시작했습니다. (2003년 1월 이완구 전 총리는 타워팰리스를 11억7,000여 만 원에 매입한 뒤 같은 해 10월 16억4,000만 원에 팔아 4억6,000만 원을 남기는 비공을 선보였습니다.) 이후 타워팰리스는 강남의 고급주택을 대표하는 아이콘이 됐습니다. 어느 연예인이 타워팰리스를 샀다는 것만으로도 신문기사가 됐습니다.

하지만 지금 타워팰리스 112제곱미터(공급 면적)의 실거래가는 18억 원 정도입니다. 비슷한 크기의 반포 아크로리버파크 112제곱미터는 32억 정도입니다. 반포 한강변 아파트의 반값 수준입니다. 더 이상 강남의 부를 상징하지도 않습니다. 강남의 고가주택 시장에서 가장 저렴한(?) 매물이 됐습니다. 시장은 늘 변하고, 계속 변합니다.

② 2007년 미국

1999년 글래스-스티걸 법Glass-Steagall Act이 끝내 폐지됩니다. 월가는 환호성을 질렀고, 상업은행과 투자은행을 가로막았던 수많은 규제의 벽이 허물어졌습니다. 월가는 '묻지 마' 영업을 시작했고 싸구려 채권에까지 손을 댔습니다.

2001년, 뉴욕에서 9·11사태가 터졌습니다. 주가가 폭락합니다. 멀쩡한 기업들의 회사채 등급이 정크로 추락합니다. 금융시장이 망하지 않으려면 서둘러 금리를 내려야 합니다. 연준은 6퍼센트 수준이었던 기준금리를 1퍼센트까지 내립니다.

빠르게 돈이 풀립니다. 그러자 은행들이 주택대출에 열을 올리고, 미국의 집값이 급등하기 시작합니다. 묻지도 따지지도 않고 주택대출을 해주는 희대의 부동산 시장이 펼쳐집니다. 닌자대출NINJA loan이 등장합니다. 소득도 직장도 자산도 없는No Income, No Job, No Assets 이들에게 주택대출이 이뤄집니다.

영화 〈빅쇼트〉의 한 장면. 플로리다 주택시장을 보러 간 주인공들이 스트리퍼를 만난다. 집값의 5퍼센트만 내고 집을 분양받았다는 스트리퍼의 말에 주인공은 "집값이 안 오르거나, 몇 년 후 이자율이 오르면 어떻게 할 건가?"라고 묻는다. 스트리퍼는 또 대출을 받으면 된다고 답한다. 그녀는 이미 다섯 채의 집을 분양받았다.

주택시장이 위험수위를 벗어난 것을 확인한 주인공들은 대규모로 CDS(신용부도스와프)를 사들인다. CDS는 마치 옆집에 불이 나면 내가 보험금을 타는 것과 같은 구조다. 남의 불행이 나의 로또가 된다. 그리고 실제 집값이 폭락하고 연체율이 치솟는다. CDS 가격이 폭등한다. 주인공들은 떼돈을 번다.

이 영화는 실화를 바탕으로 했다.

2004년 집값이 너무 폭등하자 연준은 다시 기준금리를 서둘러 올립니다. 하지만 시중금리가 따라 올라가지 않았습니다. 부동산 시장의 폭탄 돌리기가 계속됩니다.

2005년 의회 청문회. 왜 시중금리가 올라가지 않느냐는 질문에 의장인 앨런 그린스펀Alan Greenspan이 "나도 이유를 잘 모르겠다"라고 답합니다. 이른바 '그린스펀 수수께끼Greenspan's conundrum'입니다.

연준은 화재를 진압하지 못했고, 결국 이 폭탄은 2007년에 터집니다. 미국에서만 수백 만 가구의 주택이 압류됩니다. 서울의 전체 주택 가구 수보다 더 많은 주택이 경매에 넘어갔습니다.

이 사태는 이듬해 2008년 글로벌 금융위기로 번지고, 이때부터 전 세계 부동산 시장은 다시 급락세로 돌아섭니다. CNN 뉴스에는 아이를 업고 길거리로 쫓겨난 흑인 주부의 인터뷰가 이어졌습니다.

> "단 3만8,000달러만 다운페이하면 된다고 했어요. 그렇게 집 주인이 됐죠. 그런데 지금 추심회사는 42만 달러를 갚으라는 거예요. 저는 우리가 그렇게 큰 빚을 지게 된 사실도 몰랐어요."

미국 사람들은 왜 시장을 전망하지 못했을까? 다 같이 투기에 휩쓸리는 치즈버거라도 먹은 걸까?

> 아파트라는 자산은 묘한 구매 패턴을 갖고 있다. 자동차나 운동화는 가격을 10퍼센트 내리면 소비가 늘어난다. 30퍼센트 내리면 소비가 급등한다.
>
> 그런데 아파트는 정반대다. 10억 원 하던 아파트가 11억 원이 되면 사람들은 하나둘 관심을 갖는다. 12억 원이 되면 본격적으로 거래가 늘어난다. 13억 원이 되면 누구나 사려고 한다. 그렇게 15억 원이 된다.
>
> 반면 10억 아파트가 9억이 되면 기다리던 사람들이 이 집을 산다. 하지만 8억, 7억 원이 되면 누구도 사지 않는다. 시장은 얼어붙고 부실은 금융시장으로 이어진다.

③ 2013년 서울

압구정 현대아파트 105제곱미터의 가격이 10억 원까지 밀렸습니다. 시장에는 공포가 이어졌습니다. 누구도 집을 사려고 하지 않았습니다. 거래가 급감했습니다. 영화 〈맨 인 블랙〉에서 외계인을 본 기억을 지우는 뉴럴라이저Neuralyzer를 맞은 사람들처럼, 아무도 이 아파트가 몇 년 전에 17억 원 했다는 사실을 기억하지 못했습니다. 뉴스에는 매일같이 '하우스푸어'라는 단어가 등장했습니다.

이 무렵 KBS 뉴스는 한 설문 조사를 했습니다. '당신은 하우스푸어인가?'라고 전국의 주택 소유자 704명에게 물었습니다. 응답자의 43.1퍼센트가 자신을 '하우스푸어라고 생각한다'라고 답했습니다(그 기사를 쓴 일이 지금도 생각납니다).

우리 국민 10명 중 4명은 집을 산 것을 후회했습니다. 응답자의 21.7퍼센트는 가급적 빨리, 또는 1년 이내에 집을 매도할 계획이 있다고 답했습니다. 우리는 그때 왜 그렇게 생각했을까? 집값이 이렇게 오를 것을 왜 몰랐을까?

우리의 경제적 예측은 생각보다 훨씬 자주 빗나갑니다.

④ 2020년 서울

집값이 계속 오릅니다. 그러니 더 오를 것 같습니다. 검사도 판사도 국회의원도, 강남에 집이 있는 사람과 없는 사람으로 나뉩니다. 무주택자 입장에선 더욱 그렇습니다. 지금이라도 저 열차에 올라타고 싶습니다. 작년에 청약을 하겠다니까 극구 말린 남편이 너무 밉습니다.

주변엔 이미 열차를 탄 사람들이 가득합니다. 친구들 모임조차 나가기가 싫습니다. 이러다 나만 열차를 못 타는 것은 아닌지….

집값이 가파르게 오르다 보니, 전문가들은 모두 집값이 계속 오를 거라고 전망합니다. 오늘 아침에도 '정부 정책에 대책이 없다면, 국민들은 대책이 있다. 서울 집값 계속 오를 듯'이라는 기사가 실렸습니다. 맞을 수도 있고 틀릴 수도 있습니다.

분명한 것은 아무도 알 수 없다는 겁니다. 지난 수백 년 자본시장의 역사를 되돌아보면 우리가 얼마나 엉터리로 예측했는지 쉽게 알 수 있습니다.

200여 년 전 멀쩡하고 선했던 경제학자 맬서스(케인스는 끝까지 그를 진리와 통찰력의 경제학자라고 편들었습니다)는 '인구론'을 주장했습니다. 인류의 식량생산 능력보다 훨씬 빠르게 인구가 늘어, 우리 모두 굶어 죽을 것이라고 했습니다. 선진 유럽은 공포에 휩싸였고, 결국 가난한 사람들이 가급적 출산을 못하도록 '빈민구제법'을 폐기합니다. 그때는 그것이 합리적 판단이었습니다. 시대를 앞서간 학자 누구도 맬서스의 주장을 반박하지 못했습니다.

경제적 전망은 동서고금을 막론하고 빗나갔고, 지금도 빗나갑니다. 그러니 전문가들의 전망을 너무 믿지는 마세요.

코로나19 바이러스가 어느 정도 수그러지고, 일리노이주립대 어바나 샘페인 캠퍼스는 학생들의 등교를 위해 매우 과학적인 계획을 수립했다. 세르게이 마슬로프 같은 물리학 교수들이 4만

6,000여 명의 학생, 교직원, 주변 상인들의 동선을 시뮬레이션했다. 학자들은 7,000여 명의 학생들이 일주일에 세 번 이상 파티를 할 것이라고 상정하고 바이러스가 확산되지 못하게 할 계획을 세웠다.

하지만 바이러스는 빠르게 번져서 수백 명의 확진자가 나왔고 일부 학생들은 학교 측의 분석보다 훨씬 많은 파티에 참석했다. 양성판정으로 자가격리를 해야 하는 학생들은 애플리케이션을 조작해 외출을 했다. 바이러스는 급속히 번졌고, 모든 학생들은 일주일에 두 번 바이러스 검사를 받아야 했다.《뉴욕타임스》는 대학들의 기숙사 수입 등이 줄고 대외 행사를 열지 못하는 탓에 방역비용이 급증하자, 과학적인 준비를 빌미로 학생들을 위험하게 등교시키고 있다고 비판했다.

타워팰리스가 반포 한강변 아파트의 절반 값이 될지, 광주 봉선동 45평 아파트값이 15억 원을 넘어갈지, 우리는 몰랐습니다. 분당과 일산의 집값 차이가 세 배가 될지, 우리가 이렇게 불현듯 대형 평형을 외면하게 될지, 아무도 몰랐습니다. 중국인들이 밀려들던 동대문 밀리오레 같은 빌딩이 임대아파트로 변할 것이라고는 상상도 못했습니다(이를 위해 국회는 2020년 8월, 대형 상가를 매입해 임대아파트로 리모델링할 수 있게 허용하는 공공주택 특별법을 통과시켰습니다).

분명한 것은 시장은 불확실하다는 것입니다. '지금 이러니까 내일도 그렇겠지' 하고 믿는다면, 거대하고 선제적인 투자자들에게 당하기 쉽습니다. 당신의 손실은 '내일은 그렇지 않을 것'으로 믿는 사람들의 수익에 보탬이 될 뿐입니다.

누군가 제 글에 이 경구가 자주 등장한다고 하더군요. 그래도 다시 인용합니다. 남편이 귀가 얇아 갑자기 무엇인가에 투자하기를 좋아한다면 책상에 붙이기를 권합니다.

"친구가 갑자기 돈을 버는 것처럼 당신의 분별력을 떨어뜨리는 일은 없다."

찰스 킨들버거

글래스 – 스티걸 법

1993년 제정된 미국 상업은행에 관한 법률. 상업은행이 예금으로 주식투자를 할 수 없게 하는 등 투자를 규제하는 내용을 주로 담고 있다.

왜 내 아파트만
안 오를까?

"주가는 더 오를 거야. 집값은 내릴 때가 됐고."

"형이 그걸 어떻게 알아요?"

"네 명이 모이면 모두 부동산 이야기를 하는데, 주식은 아직
세 명만 이야기하거든."

2019년 초에 집값 급등세가 좀 꺾였습니다. '일주일 만에 1억 껑충'
기사는 자취를 감추고 갑자기 언론의 기조가 바뀌었습니다. '풀 죽은
강남 재건축 2억 내려도 안 팔려'라든지 '해운대 주상복합 2억 급락
쓰나미' 이런 기사들이 등장했습니다. 대세 상승이 끝났다는 전문가
들의 인터뷰 기사가 이어졌습니다.

그러다 다시 집값이 오르고 있습니다. 서울엔 4~5년 만에 집값이

두 배 가까이 오른 곳도 꽤 있습니다. 언론의 기조는 또 바뀌었습니다. '로또청약 대치 푸르지오써밋 848 대 1' '이러다간 평생 무주택자' '빌라까지 덮친 30대 패닉 바잉' '아직 안 오른 수도권 아파트 10선' 같은 제목의 기사가 쏟아지고 있습니다.

실제 서울의 집값은 얼마나 올랐을까? 주변 지인들에게 물어보면 최소 50퍼센트에서 두 배는 올랐다고 답합니다. 하지만 KB부동산 통계를 보면 실제 2008년 1월~2018년 1월까지 만 10년 동안 서울의 주택가격은 15.11퍼센트 올랐을 뿐입니다. (물론 2018년 이후 2년은 더 가파르게 올랐습니다. 2018년 1월 국민은행의 서울의 주택매매 가격 지수는 91.1에서 2020년 8월 107.8로 급등했습니다. 하지만 이마저 통계적으로 보면 18.3퍼센트 오른 것입니다.)

하늘을 뚫은 것 같은 강남구의 주택가격도 이 10년 동안 14.93퍼센트(서초구 11.52퍼센트, 송파구 9.52퍼센트) 올랐습니다. 이는 비교 시점이 서울의 부동산이 최고점이었던 2008년이기 때문입니다. 또 지난 2009년 이후 서울의 주택가격이 2014년까지 줄곧 내리다 다시 올랐기 때문이기도 합니다.

따라서 2018년까지만 보면 '집값이 꾸준히 올라 전고점을 넘어섰다' 정도가 올바른 표현입니다. 5년 이상 되는 어느 시계열로 봐도, 전국 또는 서울의 집값은 물가인상률만큼, 또는 그보다 조금 올랐을 뿐입니다.

실제 이 기간에도 물가는 한국은행 통계를 보면 23.5퍼센트가량 올랐으니까 서울의 주택가격은 통계적으로 물가보다 덜 오른 것입니다. 다시 말해 집을 소유하면 오히려 물가보다 실질가격이 떨어져 손해를 본다는 뜻입니다. 이 기간 진짜 오른 곳은 부산(56.62퍼센트) 등 6대 대도시(40.43퍼센트)입니다. 통계에 따르면 이들 지역의 주택가격이 물가인상률의 두 배가량 올랐습니다.

수익률도 마찬가지입니다. 한국은행 통계를 보면 2007년부터 2016년까지 10년간 아파트의 수익률은 59.5퍼센트입니다. 단독주택이 54.3퍼센트로 뒤를 이었고, 같은 돈을 주식에 투자했을 때 수익률은 41.3퍼센트, 은행에 예금을 했을 때는 41.0퍼센트입니다. 아파트가 수십 배 더 올랐을 것 같지만, 전혀 그렇지 않습니다. 10년 동안 아파트 가격 인상에 따른 자본수익과 임대료 수익을 합쳐도, 은행 예금보다 겨우 31퍼센트 높은 수익을 올렸을 뿐입니다.

집값이 급등한 2020년까지 계산하면 어떨까? 2007년 1월 서울의 주택매매 지수는 73.1입니다. 집값이 오르고 또 오른 2020년 8월은 107.8입니다(KB주택시장동향). 14년 동안 서울의 주택가격은 통계적으로 47.4퍼센트 올랐을 뿐입니다.

무작위로 저의 형제가 살고 있는 지역을 찾아보겠습니다. 대전 유성구는 40.7퍼센트, 경기 용인시 기흥구는 14년 동안 단 0.006퍼센트 올랐을 뿐입니다. 이 기간 전국의 주택가격은 28.3퍼센트 올랐습니다. 그것이 진실입니다(그런데 경제신문은 절대 이런 통계는 보도하지 않습니다).

왜 이런 착시가 생길까? 언론이 매일 한남 더힐이나 반포 아크로리버파크 가격을 중계하듯이 전하기 때문입니다. 언론은 특히 전국에서 가장 오른 지역만 골라서 보도합니다. 그러니 내 마음속에 그들이 가진 진주목걸이는 계속 커져만 갑니다. 수도권 외곽의 시민들이나 무주택 시민들의 박탈감이 커질 수밖에 없는 구조입니다.

2018년 1월까지 지난 10년 동안 고양 일산 서구(-5.38퍼센트)나 성남 수정구(-10.00퍼센트), 용인 기흥구(-12.10퍼센트) 지역은 집값이 오히려 떨어졌습니다. 물가인상률을 감안하면 실질가격이 사실상 30퍼센트가량 하락한 것입니다. 그런데 언론은 오늘도 '자고 나면 1억 껑충' 기사를 내보냅니다. 대중의 마음이 다급해집니다.

만약 비교 시점을 주택가격이 가장 많이 내렸던 7년 전(2013년 1월 ~2018년 1월)으로 해보면 어떨까? 기저효과 때문에 서울의 집값은 폭등했을 겁니다. 하지만 통계적으로 11.95퍼센트 올랐을 뿐입니다. 역시 물가상승률 수준입니다. 강남구는 이 기간 22.5퍼센트나 올라 서울에서는 뚜렷하게 많이 올랐습니다. 하지만 역시 물가상승률의 두 배 수준입니다.

그러니 우리 집만 안 오른 게 아닙니다. 몇몇 지역이 아주 많이 오르고, 상당수 지역은 제법 오르고, 대다수 지역은 크게 오르지 않았습니다. 물론 반포주공1단지나 잠실주공5단지 같은 곳은 정말 '자고 나면 1억 껑충'입니다.

하지만 이들 아파트는 우리 부동산 시장의 0.1퍼센트에 불과한 곳입니다. 핸드백으로 치면 에르메스 악어 버킨백 같은 거죠. 보통 사람들과 별 상관없는 시장입니다. 10여 년 전 500만 원쯤 했던 버킨백은 지금 저렴한 모델이 1,000만 원이 넘습니다. 그 가격을 경제신문이 매일 중계하면 내 핸드백은 얼마나 초라해질까.

강남, 서초, 송파구의 주택 수를 모두 합치면 48만 가구입니다. 우리나라 1,660만 가구의 3퍼센트가 채 안됩니다. 언론은 이들 지역의 집값 동향을 프로야구 중계하듯 매일 보도합니다. 그렇게 지금이라도 집을 사야 할 듯한 사회적 분위기가 자리를 잡았습니다. 문제는 이 의제설정이 '굳이 집을 무리해서 살 필요가 없는 계층'까지 무리하게 주택시장으로 끌어들인다는 것입니다.

결국 참다못한 서민은 1억 빚을 내서 2억짜리 아파트를, 중산층은 3억 빚을 내서 8억짜리 아파트를 매입합니다. (LTV, DTI 규제 등으로 빚을 내서 집을 사기 어렵다고 하지만 문재인 정부 들어서도 가계부채는 빠르게 늘고 있습니다. 2020년 들어 가계부채는 분기마다 20조 원 정도씩 늘고 있습니다.)

특히 집값 상승률은 어느 시점과 어느 지역을 비교하느냐에 따라 크게 달라집니다. 언론은 이를 입맛에 따라 가공합니다. 대치역을 끼고 있는 선경아파트 2차(1,034세대). 대치동을 상징하는 단지 중 하나입니다. 127제곱미터(45평형)의 국토교통부 실거래가를 보면 다음과 같습니다.

45평(전용 127.75제곱미터)의 경우 2014년에 14억~16억 정도에 거래됐습니다. 2019년 28억 원을 넘어, 2020년에는 30억 원을 돌파했습니다. 정말 많이 올랐습니다. '대치 선경아파트 6년 새 두 배!'라는 자극적인 기사가 가능합니다. 그럼 이 아파트가 가장 고점이었던 당시의 실거래가는 어땠을까?

매매	전월세

▸년도 **2014년**　▸면적 **127.75㎡**　▸금액 **전체**

• 6월

전용면적(㎡)	거래금액(만원)	총	건축년도	도로조건	전산공부
127.75	154,000	4	1985	25m이상	보기

• 5월

전용면적(㎡)	거래금액(만원)	총	건축년도	도로조건	전산공부
127.75	147,000	4	1985	25m이상	보기

• 4월

전용면적(㎡)	거래금액(만원)	총	건축년도	도로조건	전산공부
127.75	159,500	7	1985	25m이상	보기

2014년 선경아파트 2차 45평 실거래가　　출처 : 국토교통부

매매	전월세

▸년도 **2006년**　▸면적 **127.75㎡**　▸금액 **전체**

• 12월

전용면적(㎡)	계약일	거래금액(만원)	총	건축년도	도로조건	전산공부
127.75	14	260,000	12	1985	25m이상	보기

• 10월

전용면적(㎡)	계약일	거래금액(만원)	총	건축년도	도로조건	전산공부
127.75	31	252,000	10	1985	25m이상	보기

• 9월

전용면적(㎡)	계약일	거래금액(만원)	총	건축년도	도로조건	전산공부
127.75	15	159,500	7	1985	25m이상	보기

2006년 선경아파트 2차 45평 실거래가　　출처 : 국토교통부

2006년에 이미 25~26억 원가량에 거래됐습니다. 그러니 이 아파트는 '6년 새 두 배'가 오른 것도 사실이지만, '14년 동안 13.3퍼센트'만 오른 것도 사실입니다. 이제 기자는 입맛에 맞게 제목을 고르기만 하면 됩니다.

물론 강남의 한 아파트의 사례로 강남 전체 아파트 시세를 평가하기는 어렵습니다. 하지만 분명한 것은 집값은 그렇게 우리 생각처럼 급등하지 않았고, 폭등한 지역은 매우 제한적이라는 사실입니다. 다만 일부 언론이 매일같이 그 단지들을 자극적으로 보도할 뿐입니다.

아파트 가격은 대표성이 매우 강합니다. 공차의 망고 그린티에이드 한 잔 가격은 전국 모든 매장에서 동일합니다. 500원이 인상되면 전 국민이 그 가격으로 소비합니다. 그런데 잠실 파크리오 32평 한 채의 가격이 1억 원이 오르면, 언론은 잠실 파크리오가 1억 원 올랐다고 표현합니다. 그러다 한 채의 가격이 1억이 떨어지면 언론은 또 잠실 파크리오 가격이 1억 원 하락했다고 말합니다. 잠실 파크리오는 모두 6,864가구입니다.

집값에 거품이 끼어 있듯, 집값을 인식하는 우리의 마음에도 거품이 끼어 있습니다. 이 거품은 '우리 집값만 안 오른다'는 조바심으로 연결됩니다. '이러다 나만 집을 못 갖는 것 아니냐'는 조급함이 작동합니다.

주택시장은 우리 생각처럼 효율적으로 움직이지 않습니다. 금 선물이나 코스피200 시장과 다릅니다. 비싸다고 쉽게 팔 수도, 싸다고 쉽게 살 수도 없습니다. 느리게 변합니다. 느린 만큼 쏠림이 강하고 대중은 쏠림에 강하게 반응합니다. 그 쏠림이 커지고 가격상승이 분명해지면 그제야 우리는 그 판에 뛰어듭니다. 모든 자산가격이 고점에 거래량이 폭발하는 것도 그래서입니다. 그리고 서서히 하락 사이클이 시작됩니다.

다수 대중이 집을 사려고 뛰어갈 때 혼자 지켜보는 것은 쉬운 게 아닙니다. 워런 버핏은 "주식을 사지 않고 쉬는 것도 투자"라고 했습니다. 하지만 주식투자자에게 가장 어려운 것이 바로 상승장에서 '쉬는 것'입니다.

집값이 언제까지 오를지 예측하는 것은 매우 어렵습니다. 언제든 내리고 언제든 또 오를 텐데…. 가격 상승의 혜택을 보지 못했다면, 가격 하락의 손실이라도 피해야 할 텐데 우리는 보통 거꾸로 선택합니다. 그렇게 자산시장 변동의 사이클이 완성됩니다.

아파트가 부족하다는 주장은 사실일까?

만약 내가 1억짜리 승용차를 구입한 뒤 이를 6,000만 원에 A에게 3년 간 빌려준 뒤, 다시 3년 뒤 6,000만 원을 돌려주고 내 승용차를 돌려받는다고 생각해 봅시다. 이렇게 바보 같은 거래가 또 있을까?

전세제도가 그렇습니다. 그래서 외국인에게는 도무지 이해가 안 되는 제도입니다. (2019년 연세대를 다니는 아들에게 집을 구해주기 위해 한국을 찾은 안젤리나 졸리가 광화문에 있는 오피스텔을 전세로 구하면서 이 제도를 매우 신기하게 생각했다는 후문이 있습니다.)

시중금리가 사실상 0퍼센트에 가까워질수록 전세제도는 집주인에게 불리해집니다. 언젠가 사멸할 수밖에 없는 제도입니다. 금방 월세로 바뀔 것 같았던 이 제도는 2008년 이후 부동산 공급이 넘치고 주택수요가 줄어들면서 다시 비중이 높아졌습니다.

흔히들 정부의 재건축 공급 규제가 주택공급 감소를 불러오고, 이로 인해 집값이 오르자, 매매시장에 진입하려는 세입자들이 매매시장을 포기하고 전세를 선택해 전세수요가 증가하고, 그래서 전셋값이 오른다고 말합니다. 그러니 '전셋값이 오르는 것은 정부의 부동산 규제 때문이다'라는 프레임이 만들어졌습니다. 그럴듯합니다.

그런데 이게 사실일까?

> 서울의 주택시장에 오직 100가구만 존재한다고 가정해 보자. 이 중 60가구는 매매시장에서 이미 주택을 소유하고 있다. 나머지 40가구는 전월세 세입자다. 이들 40가구가 (정부의 규제 때문에) 매매시장 진입을 포기하고 전세를 선택했다. 그럼 진짜 전세수요가 높아질까?
>
> 이들은 이미 전월세 시장을 차지하고 있다. 전세 살던 서울시민 A가 매매시장 진입을 포기하고 다른 전세를 또 한 채 얻을까? 그래서 전세 두 채를 차지할까? 세입자 A가 매매시장 진입을 포기한다고 해도 전세수요가 이론적으로 높아지지 않는다. 이 주장은 가정부터 엉터리다.

만약 서울로 유입된 신규 가구주(예를 들어 신혼부부)가 순증했는데, 매매시장을 포기하고 전세를 선택한다면 이 주장이 맞습니다. 실제 서울 인구는 줄지만 신규 가구 수는 해마다 늘어납니다. 많을 때는 5~6만 가구 정도 늘어납니다. 물론 1인 가구의 증가 때문입니다.

6만 명 늘어난 신규 가구 중 절반이 전월세를 선택하지 않고 매매 시장에 뛰어든다고 가정해 보죠. 3만 가구가 결혼하자마자 집을 사기로 결심한 것입니다. 그럼 서울은 매년 3만 가구의 주택이 부족합니다. 그런데 서울의 신규 주택 수는 해마다 2~4만 가구 정도가 순증합니다. 그러니 통계적으로 이들 3만의 신혼부부의 매매수요가 집값을 끌어올리기는 어려운 구조입니다.

반대로 이들이 (정부의 규제에 실망해) 모두 매매를 포기하고 전세를 선택했다고 가정하면 서울의 전셋값은 오를 수 있습니다. 그러나 이 경우 주택공급이 넘쳐서 매매가격이 떨어져야 합니다. 그러니 신혼부부나 이민자들이 신규 진입하면서 집값이 오르거나 전세수요가 높아진다는 주장은 앞뒤가 맞지 않습니다. 게다가 2018년 5개 신도시와 서울과 가까운 지역에 총 30만 가구의 주택을 추가로 공급하기로 했습니다.

국토교통부의 2018년 통계에 따르면 서울의 주택보급률은 95.9퍼센트. 아직 부족합니다. 주택보급률이 100이라고 해도, 1가구가 이사를 하려면 다른 1가구가 집을 비워줘야 합니다. 경기도의 주택보급률은 101퍼센트입니다. 전국적으로 104.2퍼센트입니다. 대한민국 국민이 100가구라면 이미 104채의 집이 있습니다.

서울 일부를 제외하면 집이 부족한 게 아닙니다. 결국 공급부족론은 과장된 것입니다. 실제 집값을 올리는 것은 공급부족이 아니고, 집을 사야겠다는 시민들의 욕망입니다.

만약 정부의 규제로 주택공급이 줄어 집값이 오른다면, 2018년 서울의 주택 수는 유례없이 6만 가구나 순증했는데, 집값은 왜 계속 올랐을까? 박근혜 정부 때는 택지개발촉진법의 폐지를 추진할 만큼 공급을 억제했고, 신규 택지의 공급 중단을 선언하기까지 했는데, 집값은 왜 떨어졌을까?

지난 2018년 몇몇 신문은 특히 강남 4구의 주택이 재건축 추진으로 7,179가구가 오히려 줄었다고 보도했습니다. 재건축을 하느라 허물어진(멸실된) 주택의 수입니다. 이 때문에 공급이 부족해 2018년 집값이 급등했다는 분석이 이어졌습니다.

그때 허물었던 재건축 단지들에 올해 속속 입주하고 있습니다. 완공되면 단지마다 가구 수는 20퍼센트가량 늘어납니다. 그런데 지금 강남 4구의 집값은 왜 오를까?

취재 현장에서 보면 부동산 기사에 이상한 관행이 있습니다. 통계적으로도 입증 안 되는 한두 사례를 쉽게 일반화합니다. 10여 년 전 '종부세를 도입했더니 집주인들이 전월세를 올려 결국 서민들이 불이익을 받는다'는 분석이 그런 예입니다. '왜 종부세를 올려서 우리까지 고통받게 하는가?' 월세가 올라 한숨 쉬는 세입자의 주장도 함께 보도합니다. 과학적 근거도 없이 단편적인 사례를 일반화합니다.

감정적인 억측이 슬그머니 스며듭니다. '삼성동 힐스테이트에 사는 A씨는 실제 다음 달부터 월세를 50만원 더 올려 받기로 했다.' 이런 내용은 확인할 수도 없고, 확인하는 사람도 없습니다.

이 주장이 사실이라면, 종부세를 내기 전에는 집주인들이 선의로 더 올려 받을 수 있는 전월세 값을 내려 받고 있었다는 뜻일까? 시장

경제에서 그게 그렇게 쉽다면 동네 주유소 사장님이나 스타벅스는 왜 그렇게 하지 않을까?

KB부동산 통계를 보면 2019년을 100으로 보았을 때, 10년 전 집값 대비 전세가격(전세가격지수)은 61 정도 됩니다. 쉽게 말해 6억 정도 했던 전셋값이 10억 원이 된 겁니다.

평면적으로 보면 전셋값도 집값만큼 올랐습니다. 하지만 10년 전 전세대출 평균 이자율은 4.5퍼센트 정도입니다. 그러니 6억 전셋집의 당시 이자비용은 연간 2,700만 원 정도입니다. 반면 2020년 2월 기준 전세대출 가중 평균 이자율은 2.9퍼센트 정도입니다. 10억짜리 전셋집의 이자비용이 연간 2,900만 원입니다.

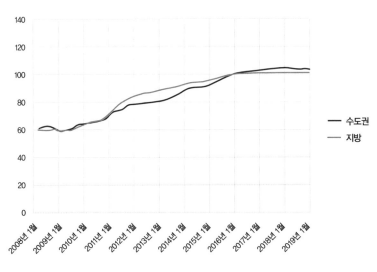

10년간 전세가격 지수 그래프   출처: KB부동산 통계

다시 말해 같은 전셋집에 대한 금융비용이 10년 동안 연간 2,700만 원에서 2,900만 원이 된 것입니다. 10년 동안 7.4퍼센트 올랐습니다. 돈의 값으로만 따지면 전세비용은 물가인상률을 하회하는 것입니다. 전세는 남의 집을 빌리는 주거 방법인데, 남의 돈을 빌려 주거하는 비용은 크게 오르지 않았습니다.

가격에는 실제가격과 명목가격이 있지요. 집을 빌려 주거하려는 값(전셋값)은 명목가격만 오르고 있다는 뜻입니다. 이는 공급이 부족해서가 아니라, 돈이 많이 풀려서 전셋값이 오른다는 것을 증명합니다.

오히려 툭하면 전셋값이 급등했다고 전하는 언론을 보고 집주인들이 전셋값의 호가를 올리고, 이게 지역에서 담합효과를 불러오면서 일시적으로 전셋값이 오르는 것은 아닐까.

'전세시장의 역설, 8월 서울 전셋값 역대급 상승'
언론은 오늘도 서울의 전셋값이 전달 대비 0.29퍼센트 급등했다고 보도한다. 기사에는 그러나 정작 지난 1년 동안 서울의 전셋값이 얼마나 올랐는지에 대한 통계가 없다. 집주인을 자극하고 세입자를 불안하게 하는 작문 같은 분석들이 이어진다. 하지만 실제 KB부동산 통계를 보면 서울의 전세가격 지수는 2019년 1월을 100으로 봤을 때, 2020년 8월 103.2다. 이 통계를 그 기자는 모르는 걸까, 애써 외면한 걸까.

주거의 문제인가,
욕망의 문제인가

    총선을 앞둔 1월, 제가 진행하는 뉴스 코너 '여의도 사사건건'에 고정출연하는 의원님이 우리 동네에서 주민설명회를 열었습니다. 인사나 드리려고 찾아갔습니다. 마침 종부세 고지서가 날아오고 얼마 안 돼서인지 주민들의 보유세에 관한 불만이 터져 나왔습니다.

    단정하게 차려입은 노부부는 종부세가 800만 원이 나왔다고 했습니다. 얼굴에는 분노보다 억울함이 가득했습니다. 차분하게 말을 이어가던 할머니는 "1년 월세 받는 1,600만 원이 소득의 전부다. 이러다 굶어 죽겠다"라며 결국 서럽게 눈물을 흘렸습니다. 종부세가 800만 원 정도 부과되려면 30억과 20억 주택, 두 채 정도를 보유해야 합니다.

    사람은 누구나 자기 입장에서 생각하고 판단합니다. 집으로 돌아오는 길에 가진 분들이 흘리는 눈물이 어쩌면 굶주린 사람들이 흘리는 눈물보다 진하다는 생각이 들었습니다.

5년 연속 집값이 오릅니다. 사람이 모이면 모두 아파트를 이야기합니다. 이제 집은 욕망의 문제가 됐습니다. 1980년대엔 주거의 문제였습니다. 전셋값이 폭등해서 4인 가구가 길바닥으로 쫓겨났습니다. 아무리 열심히 일해도 내 가족이 살 곳이 부족했습니다. 40대 가장은 분신했습니다. (그래서 일산과 분당 신도시가 탄생했습니다.)

지금은 욕망의 문제입니다. '그는 왜 단지 몇 해 전 집을 샀다는 이유로 앉아서 수 억 원을 버는가?' 언론은 매일 아침 이 욕망을 일깨웁니다. 덕분에 검사도 의사도 언론사 경제부장도 자신은 집이 있는지 없는지, 그 집이 강남에 있는지 여부를 되새기며 출근길에 오릅니다.

"승진하면 뭐해, 집도 없는데" 후배들 수군거림에 얼굴 '화끈'
《한국경제》 2020. 8. 18

만약 부동산 문제가 주거의 문제라면 국민들의 관심이 임대주택이나 토지임대부주택 같은 주거를 위한 주택에 모아져야 합니다.

최근 이재명 지사가 다시 꺼내든 토지임대부주택은 수십 년 동안 실패를 거듭해 왔습니다. 땅은 정부나 자치단체가 소유하고 건물만 내가 소유하는 형태입니다. 당연히 분양가가 반값입니다. 계약이 끝나도 쫓겨날 걱정 없이 내 가족이 최소 20년 동안 새 아파트에서 편안하게 거주할 수 있습니다.

하지만 청약할 때마다 국민들의 외면을 받았습니다. 2007년 군포와 수원 화성 등에서 분양된 토지임대부아파트는 크게 미달돼 결국 분양 전환됐습니다. 우리 국민은 아파트를 원하는 게 아니고 아파트의 소유를 원하는 것입니다. 그래야 집에 대한 욕망을 충족할 수 있습니다.

가까운 기자 후배는 2015년 하남 감일 지구에 수익공유형 아파트를 청약했습니다. 50퍼센트 이내에서 은행대출을 받고 만약 집값이 오를 경우 그 대출액 비율만큼 은행과 수익을 공유하는 방식입니다. 이후 집값이 많이 올랐습니다. 후배는 전매제한 기간이 끝나고 집을 팔았습니다. 2억 원이 넘는 시세차익을 올렸습니다. 약속대로 은행에 8,000만 원 가까운 수익을 반납했습니다. 그런데 후배는 1억 원 이상 벌었다는 생각보다 8,000만 원을 나라에 뺏겼다는 생각이 들었다고 했습니다. (보유효과endowment effect가 작용한 것입니다. 내가 번 돈보다 뺏긴 돈이 더 커 보이는 현상입니다.)

집은 비바람을 막고 가족이 따뜻하게 거주하는 곳이라는 개념을 벗어났습니다. 이제 집은 큰돈을 벌어 주는 욕망의 수단입니다. 그 욕망의 성적표는 각 가정에 배포된 뒤 매일 남과 비교하는 잣대가 됩니다.

수공업제품 같은 단독주택을 버리고 이제 시민들은 공장에서 찍어낸 듯한 아파트에 삽니다. 아파트는 승용차처럼 기능으로 팔리지 않고, 샤넬 핸드백처럼 욕망으로 소비됩니다.

전 세계에서 유일하게 한국에서만 아파트가 브랜드로 팔립니다. 건설사들은 오래전부터 아파트가 욕망의 산물이라는 사실을 알아차렸습니다.

예전 래미안 TV 광고에서 젊은 여성이 남자친구와 함께 처음으로 부모님 집을 찾습니다. 여자친구의 부모님 집을 찾아가는 긴장되는 순간, 고개를 들자 높다란 래미안 아파트가 나오고 '래미안에 살아요'라는 유명한 카피가 등장합니다. 여자친구의 경제적 지위가 투영됩니다. 래미안에 산다는 것은 이미 그런 의미를 갖습니다.

당시 오래된 삼성 아파트에 살던 주민들은 앞다퉈 구청에 아파트 개명신청을 하고 삼성 아파트를 래미안으로 새롭게 도색했습니다. 집집마다 래미안 로고가 달린 열쇠고리가 지급되고, 그것은 부동산 지위를 나타내는 21세기 호패가 됐습니다.

이 욕망의 등급표에 따라 조직과 모임에서 보이지 않는 순위가 정해집니다. 시민들은 수치화된 욕망을 서로 비교하고 선망하고 질투합니다. 성공과 교육, 가족, 안전 같은 삶의 주요한 척도가 아파트라는 계층적 지표에 버무려지고 명예나 사랑, 품위 같은 추상적인 가치까지 더해져 계급 배지가 됩니다. 그리고 이 배지를 가슴에 달고 출근합니다.

래미안프레스티지나 래미안루체하임, 자이더익스프레스…. 여객기 좌석 등급이 아닙니다. 최근에는 건설사들이 브랜드 뒤에 또다른 이름을 붙이고 있습니다. 특히 '푸르지오 서밋SUMMIT'처럼 계급을 상징하는 이름이 많습니다(아파트에 브랜드를 붙이는데 심지어 뜻이 정상회담입니다). 도심에 위치하면 '센트럴', 교육 환경이 좋으면 '에듀', 한강이 가까우면 '리버'를 붙이기도 합니다. 대림 신반포 아크로ACRO 리버뷰RIVERVIEW는 그렇게 만들어진 이름입니다.

"한국에서 주택은 소유자의 지위를 과시하는 지위재다." 전상인 서울대 환경대학원 교수

한 지인은 회계법인에서 오래 일하다 은퇴했습니다. 막상 일을 그만두고 보니 경조사비도 부담이 된다고 했습니다. 강남의 집을 팔면 어떠냐고 했더니 "딸 결혼이나 시킨 뒤 팔아야 하지 않겠느냐"라는 답이 돌아왔습니다. 결혼할 때 강남에 집은 한 채 있어야 하는 나라. 한반도에서 이제 집은 주거의 문제가 아니고 욕망의 문제입니다.

라캉은 "인간은 다른 사람의 욕망을 욕망한다"라고 했습니다. 우리는 '내가 원하는 것'보다 '다른 많은 사람들이 원하는 것'을 원합니다. 집도 그중 하나입니다. 그러니 타자의 그 욕망이 시들어지면 우리도 그것을 원하지 않게 될 것입니다. 그런데 그 욕망을 집을 몇 채 더 공급한다고 잡을 수 있을까. 정부가 또 추가대책을 준비하나 봅니다.

지위재

지위재status good는 경제학자 버블렌이 처음 언급했다. 말 그대로 그것을 소유한다는 것이 그 사람의 지위를 나타낸다는 뜻이다.

집을 사서 돈을 벌었다면 합리적인 결정을 했을까?

우리는 집을 사면서 합리적 결정을 할까? 집을 사지 않은 사람은 합리적이지 않을까? 합리적인 사람은 그렇지 않은 사람들보다 집으로 돈을 벌 가능성이 높을까?

저는 1995년에 KBS에 공채 22기로 입사했습니다. 동기들은 1990년대 후반이나 2000년대 초반에 결혼해 대부분 몇 해 지나 주택시장에 진입했습니다. 그 무렵에는 2~3억 원이면 서울에 작지만 쓸 만한 집을 살 수 있었습니다.

10년 뒤 공채 32기가 입사했습니다. 여기자 비율이 높고 맞벌이 비율도 높아 가구 소득이 저희 동기들보다 높습니다. 그런데 상당수가 아직도 주택시장에 진입하지 못했거나, 빚을 잔뜩 안고 집을 샀습니다. 그렇다면 KBS 공채 32기는 공채 22기보다 합리적이지 못한 걸까? 공채 22기는 32기보다 더 합리적으로 시장에 참여했을까?

데런 브라운Derren Brown은 〈마인드 컨트롤〉〈러시안 룰렛〉등의 프로그램으로 유명한 영국 출신의 심리학자이면서 작가이자 마술사다. 그는 어떤 조작도 없이 TV에서 동전을 던져 열 번 연속 앞면이 나오는 마술을 선보였다. 열 번 연속 동전을 던져 앞면이 나올 확률은 1024분의 1. 즉 0.1퍼센트도 되지 않는다. 그는 어떻게 이 마술을 선보였을까?

간단합니다. 미리 녹화하면서 열 번 연속 앞면이 나올 때까지 동전을 계속 던졌습니다. 9시간 반이 걸렸습니다. 하지만 이 마술(?)을 지켜본 시청자들은 그의 마법 같은 능력을 믿거나 아니면 특별한 눈속임이 있을 거라고 생각했을 겁니다. 틀렸습니다. 그는 단지 우연을 위해 계속 동전을 던졌을 뿐입니다.

우리는 우연을 현실로 받아들이는 경우가 많습니다. 시장가격은 수많은 이성적 조건과 예측하기 힘든 대내외 변수의 조합으로 움직입니다. 하지만 그 수백 가지 경우의 수 중 하나를 우연히 맞춘 시장 참여자는 자신이 합리적 예측을 했다고 믿기 쉽습니다. 그가 두 번 세 번 연속으로 가격을 맞추면 이제 그의 말에 귀를 기울입니다. 마치 데런 브라운의 능력을 믿는 것처럼.

6연발 리볼버로 러시안 룰렛 게임을 할 경우, 한 번 방아쇠를 당겨 죽을 확률은 6분의 1입니다. 하지만 5번, 10번, 20번, 계속할수록 죽을 확률은 100퍼센트에 수렴합니다. 그런데 만약 드미트리 야프센코가 러시안 룰렛 게임을 30번 해서 살아남았다면 대중은 이를 우연이라고 평가할까? 그는 어쩌면 종교지도자가 될지도 모릅니다.

삶에도 죽음에도 모두 우연의 요소가 들어갑니다. 문제는 우리가 그것을 어떻게 해석하느냐입니다. 우리가 경마에 빠지는 이유도 비슷합니다.

경마의 환급률은 73퍼센트입니다. 내가 1만 원을 한 번의 경주에 투자했을 때 평균 7,300원이 내 손에 남습니다. 물론 한 푼도 못 건질 수도, 운이 좋을 경우 수백만 원을 벌 수도 있습니다.

과천 경마장에서는 하루 열세 번의 경주가 열립니다. 만약 100만 원을 가지고 한 번만 베팅을 했다면 통계적으로는 73만 원이 남습니다. 두 번째 경주가 끝나면 평균 53만2,900원이 남습니다. 이렇게 열세 번째 경주가 끝나고 손에 남는 돈은 통계적으로 1,670원에 불과합니다.

하지만 우리는 이런 합리적 사고를 하기보다 수십, 수백만 원을 벌었던 행운을 기억합니다. 그리고 또 경마장에 갑니다. (이 계산법은 마사회가 공개되는 것을 가장 싫어하는 통계입니다. 경마 중독자들의 실제 수익률은 더 떨어집니다. 경마장에 말밥을 주기 위해 오는 상당수 중독자들은 '꽁짓돈'을 쓰는데, 보통 월 이자 10퍼센트 이율로 돈을 빌립니다. 200만 원을 빌리면 한 달 이자로 20만 원을 내는 구조입니다.)

우리에게 과학적인 주장을 하는 전문가는 진짜일까, 가짜일까? 그가 서울의 집값이 오른다고 예측한 뒤에 서울의 집값이 오르는 걸까?

아니면 서울의 집값이 계속 오르니, 서울의 집값이 오를 수밖에 없다고 전망하는 걸까?

또다른 사례 하나가 있습니다. 조던 엘렌버그의 『틀리지 않는 법』에 나온 이야기입니다.

> 볼티모어 주식중개인의 사례. 어느 날 한 주식브로커가 나에게 메일로 A기업의 주식을 사라고 권한다. 그 주식은 다음 날 주가가 오른다. 다음 날도 메일이 왔다. K기업의 주식매입을 권한다. 실제 다음 날 K기업의 주가가 오른다. 이렇게 10일 연속 볼티모어 주식중개인이 나에게 추천한 10개의 종목이 모두 다음 날 주가가 올랐다. 통계적으로 1024분의 1 확률이다. 다음 날 그는 자신을 믿고 돈을 맡기라고 권한다. 나는 이제야 그를 온전히 믿고 전 재산을 그에게 맡긴다.

어떻게 가능했을까? 볼티모어 주식중개인은 모두 1만240명에게 이메일을 보냅니다. 절반의 전망이 맞고 다음 날 5,120명에게 메일을 보냅니다. 이런 식으로 열흘이 지나면 통계적으로 10명에게는 10번 모두 정확한 예측이 전달됩니다.

제약회사의 실험도, 펀드상품의 안전성도 모두 대규모 표본을 통해 검증됩니다. 몇 개의 한정된 표본은 우리에게 언제든지 잘못된 인식을 심어줄 수 있습니다. 그런데 우리가 집을 살 때 과연 몇 개의 표본과 통계를 통해 결정할까?

합리적 판단을 위해서 수많은 과학적 요소가 투입돼야 합니다. 하지만 우리는 매일매일 제한된 몇 가지 요소의 조합으로 판단합니다. 게다가 그 판단의 근거는 상당 부분 내 마음의 '선호'입니다. (오징어먹물 파스타를 고를 때 우리는 얼마나 과학적인가?) 류현진이 수학을 계산하며 공을 던지지 않고, 이치로가 물리학을 이용해 타격을 하지도 않습니다.

그렇다면 집을 살 때는 과연 얼마나 합리적일까? 강남에 집을 갖고 있는 입사 동기는 합리적인 판단을 했던 걸까?

3세 이하 아이들이 중상을 입는 장소는 89퍼센트가 자신의 집 안으로 조사됐다. 놀이공원은 단 1.3퍼센트로 나타났다. 아이들에게 가장 위험한 장소는 다름 아닌 집이다.

유아들은 대부분 집에서 시간을 보냅니다. 따라서 아이에게 사고가 날 가능성은 당연히 집 안에서 높아질 수밖에 없습니다. 흔한 기저율base rate의 착각입니다. '고속도로 사고로 숨진 운전자의 87퍼센트가 남성으로 드러났다. 남성들이 고속도로에서 여성보다 훨씬 더 위험하게 운전한다.' 이 역시 잘못된 논리 구성입니다. 애초에 남성이 여성보다 훨씬 더 고속도로 운전을 많이 합니다.

영국 런던에서 승용차에 떨어진 새똥을 광범위하게 조사했더니 검은색 차에 떨어진 새똥이 49퍼센트로 뚜렷하게 높았다. 새들은 주로 검은색 차에 반응해 똥을 떨어뜨린다.

이 통계 역시 엉터리입니다. 원래 영국인들은 검은색 차를 많이 탑니다. 결국 'KBS 공채 22기가 공채 32기보다 현명하다'는 논거도 잘못됐습니다. 단지 22기가 주택시장에 진입할 무렵 주택가격이 낮았고, 또 소득 대비 집을 구입하기가 쉬웠을 뿐입니다. 그리고 표본도 매우 한정적입니다. 그러니 22기 몇몇 기자가 강남에 집을 갖고 있고, 32기 기자의 주택 보유율이 낮다고, 22기가 합리적으로 시장에 참여했다고 말한다면 어리석은 것입니다.

경제가 복잡해지면서 우리가 시장에 합리적으로 참여하기는 갈수록 더 어려워집니다. 경제학은 이를 '제한적 합리성'이라는 말로 설명합니다. 제한된 합리성 속에서 우리는 어떤 판단을 할까?

사실은 어림짐작합니다. 휴리스틱heuristics이 동원됩니다. 류현진이 공을 던질 때 매번 과학적으로 동작을 계획하고 던지지 않습니다. 오랫동안 훈련된 휴리스틱으로 슬라이더를 던집니다. 일상에서 그 휴리스틱이 매번 적중되기는 매우 어렵습니다(류현진이 수천만 달러를 받는 이유가 그것일 것이다).

우리의 휴리스틱이 얼마나 엉터리인지 알 수 있는 대니얼 카너먼의 아주 간단한 실험이 있습니다.

• 다음 값은 얼마인가? 즉시 어림짐작으로 답하시오.
 ① 8×7×6×5×4×3×2×1 =
 ② 1×2×3×4×5×6×7×8 =

학생들은 ①의 경우 평균 2,250라고 답했지만 ②로 질문하자 같은 학생들이 평균 512로 답했습니다. 정답은 물론 40,320입니다. 먼저 눈에 들어오는 숫자를 기반으로 어림값을 계산해 낸 것입니다.

이런 우리가 강남 아파트값이 오를 수밖에 없는 통계를 서너 개씩 해석하며 합리적 판단을 시도합니다. 하지만 강남 아파트값이 오르는 것은 주변 사람들이 그런 판단을 하기 때문입니다. 만약 아무도 연초에 토정비결을 보지 않는다면 우리가 설날 연휴에 토정비결을 보러 갈까?

우리의 제한적 합리성에는 수많은 바이어스bias가 끼어듭니다. 휴리스틱이 '어림짐작'이라면 바이어스는 '편견'입니다.

하루에 교통사고로 죽는 사람이 더 많을까? 자살로 죽는 사람이 더 많을까? 대부분 교통사고 사망자가 많을 거라고 답합니다. 참고로 통계청이 집계한 2019년 교통사고 사망자는 3,349명, 자살자는 신고된 통계만 해도 1만3,000여 명입니다. 하지만 언론은 주로 큰 교통사고를 보도하기 때문에 우리는 교통사고가 더 흔하다는 바이어스에 빠져듭니다. 이 결합오류conjunction bias가 또 우리의 합리적 판단을 방해합니다.

강남의 아파트 전셋값은 집값만큼 올랐을까? 언론이 전셋값 폭등을 연일 보도하면서 대부분 전셋값도 집값만큼 올랐다고 생각하기 쉽습니다. 하지만 잠실 대표 아파트인 엘스 32평형의 경우, 집값이 14억 정도였던 2017년 전셋값은 8~9억 정도였습니다. 전세가율은 60퍼센트를 유지했습니다. 2020년 하반기 집값은 22억 원을 넘었지만 전셋값은 10억 정도입니다. 집값이 가파르게 오르면서 강남 대부분 대형 단지에서 전세가율이 50퍼센트 밑으로 떨어졌습니다.

하지만 언론의 자극적인 전셋값 보도가 이어지면서 결합오류가 발생합니다. 다들 전셋값도 집값만큼 올랐다고 판단하기 쉽습니다. (전셋값에 비해 집값만 크게 오른다면 투기수요가 포함됐다는 것을 반증합니다. 전셋값에는 투기수요나 가수요가 포함되지 않습니다. 집을 구할 때도 건축 연도가 비슷하다면, 전세가율이 높은 곳이 실수요가 높다고 볼 수 있습니다. 전셋값은 거짓말을 하지 않습니다.)

또한 우리는 가격이 싸다거나 비싸다고 판단할 때 특정 가격을 기준으로 판단합니다. 여의도의 고급 중국 음식점의 정식 메뉴는 보통 2만9,000원, 4만9,000원 그리고 9만9,000원으로 구성돼 있습니다. 2만9,000원짜리 메뉴는 너무 저렴해 보입니다. 하지만 9만9,000원짜리 비싼 메뉴에 비교해 보니, 4만9,000원짜리 메뉴가 그렇게 비싸 보이지 않습니다. 손님의 90퍼센트가 4만9,000원 메뉴를 선택합니다. 4만9,000원은 점심 한 끼로는 턱없이 비싸지만, 9만9,000원짜리 메뉴 가격이 이 판단을 흐리게 만듭니다.

이른바 앵커효과anchor effect입니다. 9만9,000원 메뉴가 닻처럼 마음을 고정하면서 이를 통해 다른 가격이 저렴해 보이는 효과가 나타나는 것입니다. 22억 아파트가 한 채만 있다면 너무 비싸지만, 비슷한 주변 아파트가 19억 원이라는 말에 청약에 뛰어드는 것도 마찬가지입니다. 우리는 일상에서 얼마나 기준가격에 좌우될까?

영희는 한 커피숍에서 3년째 매우 성실하게 일해 왔다. 시급은 8,600원을 받았다. 그런데 주변 대형 식당이 도산하면서 아르바이트를 찾는 학생들이 급증했다. 커피숍 사장은 7,500원에 다른 아르바이트생을 채용했다. 영희의 시급도 8,000원으로 낮췄다. 이 사장의 결정은 공정한가?

이 경우 대부분 '공정하지 않다'라고 답할 것입니다. 커피숍 사장님에게는 7,500원이 기준가격(앵커)으로 작용했고, 우리에게는 영희가 기존에 받던 8,600원의 기준가격이 작용했습니다. 그런데 만약 최저임금이 2,000원이라면? 영희가 받는 7,500원도 매우 훌륭한 급여로 평가될 겁니다. 그러면 사장의 결정이 불공정하다는 답변은 크게 줄어듭니다.

이렇게 합리적 판단이 어려운데, 여기에 우리가 전혀 상상도 못한 일이 벌어집니다. 그게 시장입니다.

만약 지난해 누군가가 전 세계에 감기 바이러스가 창궐해 미국에서 20만 명이 죽고, 유럽 선진국의 학교들이 1년 가까이 문을 닫을 것이라고 전망했다면 이를 믿을 사람이 몇이나 있었을까? 하지만 세상에는 늘 우리가 예측하지 못한 일이 터집니다. 지금 우리는 코로나19 바이러스 때문에 그보다 더한 세상을 살고 있습니다.

나심 탈레브Nassim Taleb는 이를 '검은 백조black swan'라고 했습니다. (화웨이 옥스혼 R&D 센터 호수에는 검은 백조 네 마리가 삽니다. 런정페이 회장이 마리당 10억 원을 주고 호주에서 수입했습니다. 연구원들에게 고정관념을 깨라는 취지입니다.) 누구도 검은 백조를 상상하지 못했지만 1969년 호주에서 검은 백조가 등장합니다.

미국에선 2007년 서브프라임모기지 사태가 터지면서 300만 채가 넘는 집이 경매에 넘어갑니다. 이 금융위기를 촉발한 원인을 파악하고자 수많은 분석이 이어졌습니다. 정작 위기가 터지기 전에 이를 예측한 전문가는 많지 않습니다.

정말 그런 일이 생길까? 그런 일은 늘 벌어집니다. 부동산 시장도 예외가 아닙니다.

1997년 저는 전세보증금 5,000만 원에 여의도 진주아파트 18평형에 살았습니다. IMF외환위기가 터지자 9,000만 원이었던 집값이 6,000만 원까지 추락했습니다. 1,000만 원만 보태면 집을 살 수 있었지만 아무도 집을 사려 하지 않았습니다. 그런 일이 벌어질 수 있을까? 그런 일은 늘 벌어집니다. 다만 우리가 예측하지 못할 뿐.

어떤 우연과 불확실성이 되풀이되더라도 시장 가격은 평균으로 수렴regression to the mean하게 마련입니다. 주택 가격은 집을 사겠다는 수요와 집을 사려는 사람들의 구매력 그리고 주택공급으로 결정됩니다.

이론적으로 집값이 계속 급등하려면 중국이나 태국 사람이 한 50만 가구 정도 서울로 전입했거나 우리 소득이 1980년대처럼 해마다 10퍼센트씩 쑥쑥 오르거나 서울의 주택이 태풍으로 70만 채 정도 허물어졌을 때 가능합니다.

만약 그런 일이 없는데도 집값이 폭등한다면 그것은 가수요나 투기수요 때문입니다. 집을 사야겠다는 우리의 '마음'이 집값을 끌어올리는 것입니다.

　그 마음은 수많은 제한적 합리성으로 이뤄진 것입니다. 언제든 방향을 바꿀 수 있습니다. 그때는 어떻게 될까? 물론 그 제한적 합리성은 집값이 턱없이 떨어져 집을 구매해야 할 때도 작동합니다. 제가 그때 진주아파트를 사지 않은 것처럼….

휴리스틱

시간이나 정보가 충분하지 않거나, 반드시 합리적인 판단을 해야만 하는 상황이 아닐 경우 신속하게 판단하는 어림짐작을 뜻한다.

《뉴욕타임즈》 기자 누구도 맨해튼 고급주택에

1년간 수십만 달러의 보유세가 부과되는 것을 걱정하지 않는다.

그런데 오피스텔에 사는 후배 기자는 왜 그렇게

한남 더힐 주민들의 보유세를 걱정하고 걱정하고 또 걱정할까.

부동산
시장을 흔드는
거짓말들

다주택자의 슬픔에 공감하기는 얼마나 어려운가

집값은 항상 오를 것이라고 주장하는 분들, 오를 수밖에 없다고 하는 분들, 집값은 떨어지기 힘들다는 이유를 열 가지로 설명하는 분들, 지금이라도 집을 사야 한다고 강의하는 분들, 그리고 부동산 규제를 풀어 시장을 살려야 한다고 하는 분들의 공통점은 '집값이 오른다'라고 말해야 하는 직업을 갖고 있거나, 그런 직장에 다니고 있다는 점이다.

2019년 어느 날, 한 신문에 실린 기사의 일부입니다. 반포 래미안 퍼스티지와 마포 래미안푸르지오(마래푸)를 소유한 집주인이 보유세 때문에 허리가 휜다는 내용입니다. 특히 화제가 된 것은 바로 삽화입니다. 삽화를 보면 정말 그 집주인이 처한 고통과 절망에 절로 공감이

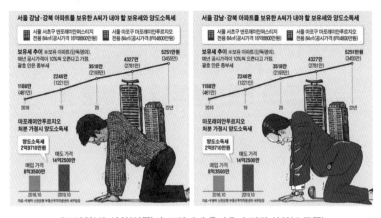

《조선일보》삽화(왼쪽)와 트위터에 올라온 수정된 삽화(오른쪽)

됩니다.

이 기사의 내용을 하나하나 따져보면 아래와 같습니다.

① 래미안퍼스티지 34평형은 27억 원 정도, 마래푸 34평형은 16억 정도입니다. 그러니 이 집주인은 43억 정도 부동산을 소유한 분입니다. 우리가 주변에서 흔히 만날 수 있는 사례이면서, 정말이지 형편이 어려운 분입니다.

② 보유세가 해마다 무섭게 올라가는 것도 사실입니다. 이분은 실제 2022년 보유세를 5,200만 원 정도 내야 합니다. (아무리 다주택자라고 해도) 6년여 동안 집값이 겨우 23억 정도 올랐는데, 보유세를 이렇게 많이 내면 이 선량한 시민은 도대체 어떻게 살라는 건지….

③ 양도세는 더합니다. 2016년에 8억3,000만 원에 산 마래푸를 3년 뒤 6억 원 정도를 남기고 팔려고 보니, 3억 원이나 양도세를 내야 합

니다. (그래서 기사에서는 팔지 않았습니다.) 경을 칠 일입니다. 공산주의가 아니고서야, 내가 어렵게 번 돈 6억 원의 절반을 나라가 빼앗아가다니 말이 되나요. 사실은 이렇습니다.

④ 2022년 보유세를 5,200만 원 낸다면 이분의 보유세 실효세율은 1.2퍼센트 정도 됩니다. 물론 고가주택을 두 채나 갖고 있다 보니 보유세율이 예외적으로 아주 높은 것입니다.

이렇게 높은 보유세율도 미국보다 낮은 수준입니다. 우리 보유세 실효세율은 0.2~0.3퍼센트 수준이었고, 참여정부 때 점진적으로 1퍼센트까지 올리려 했습니다. (기사에서 단독명의로 가정해 보유세를 계산했는데, 부부 공동명의로 하면 종부세가 훨씬 더 낮아집니다.) 이후 이명박 정부에서 이 계획은 무산됐습니다.

지금은 보유세 부담이 빠르게 오르고 있습니다. 하지만 정부가 세율을 올려서가 아니라, 집값이 폭등해 공시가격이 따라 올랐기 때문입니다.

⑤ 양도세는 참으로 억측입니다. 일단 집을 3년 만에 팔아 6억 원을 남긴다면 투기적 수요입니다. 다주택자의 투기적 수요는 '나쁜evil' 겁니다. 그래서 양도차익의 40퍼센트까지 중과세하는데, 이번 정부 들어 집값이 급등하자 10퍼센트를 추가했습니다(그래서 이익의 절반을 과세합니다).

정부는 2017년, 이 중과세 원칙을 밝히면서 분명하게 2018년 3월까지 팔지 않으면 중과세를 당하게 된다고 밝혔습니다. 집을 팔 시간적 여유를 줬습니다. 하지만 집값이 계속 오르자 다들 외면했습니다.

⑥ 지금도 설령 다주택자라고 해도 10년 이상 보유한 주택을 팔면 양도세를 많이 깎아줍니다. 저는 보유세는 올리고, 양도세는 내려야 한다고 생각합니다. 그래도 집을 3년 만에 사고파는 다주택자는 양도세를 중과세해야 합니다. 집이 무슨 주식인가요?

(A가 주식을 또 사면 모두가 이익이지만, A가 집을 또 사면 내가 집을 지을 땅이 그만큼 줄어듭니다.)

⑦ 집값을 합쳐 30~40억 원 넘게 갖고 있는 분들의 보유세가 너무 가파르게 오르는 건 사실입니다. 바람직한 건 아닙니다. 좋은 과세는 예측 가능하고 국민이 납득할 수 있어야 합니다.

그런데 이 기사에 등장하는 분의 아파트 두 채는 불과 6년 전 20억 정도에서 지금은 43억 원이 됐습니다. 기자가 보유세가 극단적으로 급등한 아파트 단지를 찾다 보니, 한반도에서 집값이 가장 많이 오른 두 아파트를 고른 겁니다. 결국 노동하지 않고 23억 원의 평가차익을 남긴 집주인을 정부는 보고만 있을 것인가 하는 문제입니다. 여러분의 생각은 어떤가요?

지난 2017년 국세청에 신고된 부동산 매매차익은 84조8,000억 원이다. 그중 상위 1퍼센트가 19조 원을 가져갔다.

⑧ 그래서 이 집주인의 삶은 (삽화처럼) 보유세로 정녕 참담해졌을까? 기자는 정말 40억 넘는 부동산을 가진 시민의 삶이 참담하다고 느끼는 걸까?

이 질문은 "그럼 저렇게 참담해지고 싶은 분 손 들어보세요!"라고 물어보면 쉽게 답이 나올 것 같습니다.

이 기사를 보고 한 지인은 이렇게 말했습니다. "부동산의 현실이 아니고, 우리 언론의 현실이다."

종부세 부풀리기

일제히 종부세 고지서가 발송됐습니다. 혹시 받으셨나요? 받으셨다면 당신은 우리나라에서 가장 비싼 집에 사는 60만 명 안에 들었습니다. 우리나라 국민 1.2퍼센트 안에 든 거죠. (종부세는 가구가 아니라 개인에게 부과됩니다.)

마포 래미안푸르지오 45평도 20억 원을 육박하면서 일부 가구에 종부세 고지서가 발부됐습니다. 그러자 마용성(마포·용산·성동)까지 종부세가 부과됐다는 기사가 나왔습니다. 시세 20억 원 주택을 가진 1주택자라면 대략 20~30만 원 정도 종부세가 나옵니다(2019년 기준). 그런데 일부 신문에서 '이제 신용카드 잘라야죠' '반찬 수 줄여야죠'라는 제목으로 분석 기사를 냈습니다. 참, 기자들의 상상력이란….

진짜 카드 잘라야 할 정도일까? 결론부터 말하자면 시세 30억 정도 되는 아파트의 경우 80만 원에서 올해 150만 원 정도 종부세를 냅니다. 과연 일부 언론의 걱정처럼 카드를 잘라야 할까? 이러다 '카드회사 위기 부르는 종부세 폭탄' 기사가 나올지도 모르겠습니다.

2019년 기준 전체 종부세 대상자의 평균 종부세액은 120만 원 정도입니다. 그러니 종부세가 실제 부담되는 가구도 있고, 가족과 외식 한 번에 드는 비용 정도로 생각하는 가구도 있을 겁니다. 특히 지난 4년 동안 집값이 수억 원에서 10억 원 이상 오른 서울 특정 지역의 경우, 1년 종부세가 고통스럽다는 말에는 크게 설득력이 없어 보입니다.

결국 일부 보도처럼 '눈물의 악 소리' '절망의 비명소리'를 낼 정도는 아닌 것 같습니다. '폭탄'도 아닐 겁니다. '종부세 폭탄'이라는 표현이 맞다면 강남 여기저기에 매물이 쌓여야 하는데, 아직 종부세 때문에 집 팔겠다고 내놓은 분들을 찾기는 쉽지 않습니다.

종부세는 7월과 9월에 절반씩 나눠서 재산세를 내고 12월에 다시 부과되는 보유세입니다. 공시가격 9억 원 이상 고가주택을 소유한 경우에 부과됩니다. 그런데 현실은 조금 다르게 흘러갑니다.

집 하나를 부부공동으로 50퍼센트씩 소유할 경우(많이들 이렇게 하지요) 공시가격이 12억 원을 넘어야 부과 대상입니다. 그런데 20억 가까운 아파트 상당수가 2019년 공시가격이 12억 원을 넘지 않습니다. (개별 공시지가는 표준 공시지가를 기준으로 구청이 결정합니다. 2019년 12월, 집값이 15억 되는 주택 상당수가 이상하게 11억 9,000만 원으로 공시돼 종부세를 빠져나갔습니다. 우연인지, 구청장님들의 유권자 배려인지….)

그러니 시세 20억 원이어도 종부세를 내지 않는 아파트가 여전히 많습니다. 종부세가 부과돼도 몇 십만 원 수준입니다. 그런데도 언론은 다수가 종부세를 내는 것처럼, 또 그 다수가 모두 수천만 원을 내는 것처럼, 그 다수가 매우 고통스러운 것처럼 보도합니다.

기본적으로 종부세를 계산할 때 '과세표준 = 공시가격 × 공정시장가액비율'로 계산합니다. 이명박 정부 때 워낙 집값이 내려가니까 공정시장가액비율이라는 장치를 삽입해 종부세를 깎아줬습니다. (특별한 이유도 없었습니다.) 공시가격이 10억이라면 공정시장가액비율 80퍼센트를 곱해서, 사실상 20퍼센트의 보유세를 깎아줍니다. 이러다 보니 2019년 기준 서울 400만 가구 중에 종부세를 내는 집은 22만 가구 정도입니다. 아무나 내는 세금이 아닙니다.

어느 신문은 2019년 정부가 종부세를 3조 원이나 걷는다고 보도합니다. 중요한 건 쏙 빠졌습니다. 종부세의 3분의 2는 기업(법인)이 냅니다.

이래저래 종부세는 여전히 종이호랑이고, 실제 내는 분들은 이 세금을 그다지 무서워하지 않습니다. 종부세가 부담되려면 최소 40~50억 정도의 주택을 보유해야 합니다. 그런데 종부세를 내는 기자들이 많지 않다 보니, 너무 멀리서 호랑이 소리를 듣고 무서워하는 것 같습니다.

물론 종부세는 빠르게 강화되고 있습니다. 점점 진짜 호랑이가 되고 있습니다. 일단 공정시장가액비율이 사라집니다. 쉽게 말해 2022년부터는 그냥 에누리 없이 공시가격 = 과세표준이 되고 여기에 세율을 곱해 종부세가 부과됩니다.

무엇보다 공시가격이 해마다 현실화되고 있습니다. 20억 주택의 공시가격이 내년, 내후년에는 15억 가까이 오를 겁니다. 덕분에 대치동의 자랑 래미안대치팰리스(전용 84제곱미터)의 경우 올해 480만 원 정도 내는 보유세(재산세 +종부세)가 내년 730만 원 정도, 2022년에는 1,200만 원까지 오를 것입니다.

이쯤 되면 진짜 부담이 될 겁니다. 특히 소득이 낮으면서 30억대 아파트에 사는 가구주는 고민이 시작되고, 매물이 나올 수 있습니다. 가격 안정에도 도움이 될 겁니다. 물론 그래도 다수는 버틸 겁니다. 예컨대 해당 아파트를 갖고 있다면 그냥 월세만 받아도 월 400만 원(세전 연 4,800만 원 정도)가량 기대 수익이 생기기 때문입니다.

미국은 이보다 보유세가 훨씬 높습니다. 뉴욕의 경우 10억 주택이라면 1년에 4,000만 원 가까운 보유세를 냅니다. 그래서 소득이 아주 높은 시절 고가주택에 진입하고, 은퇴할 무렵엔 교외 지역이나 아예 바닷가 마을로 이사를 갑니다. 이를 통해 한정된 고급주택의 공급이 이뤄집니다.

우리는 은퇴 후에 소득이 없을 때도 강남 집을 팔지 않습니다. 보유세 부담이 높지 않기 때문입니다. 이 때문에 젊고 소득이 높은 세대가 이 지역에 진입하기 쉽지 않고 그래서 더 가격이 올라갑니다.

보유세는 나쁜 세금일까? 나쁜 세금 맞습니다. 소득이 확정되지도 않았는데 부과됩니다. 집값이 내려간다고 그만큼 깎아주지도 않습니다. 게다가 여름에 재산세로 한 번 받아 가고, 겨울에 잊을 만하면 종부세로 사실상 두 번 받아 갑니다.

하지만 우리나라는 강남 3구처럼 좋은 지역에 집을 갖고 있으면 얻게 되는 지대 이익이 너무 높습니다. 쉽게 말해 그 땅을 차지한 사람이 너무 유리합니다. 언젠가부터 강남에 집이 있다는 것은 우리 사회의 '계급'이 됐습니다. 의사도 교수도 국회의원도 강남에 집이 있는 사람과 없는 사람으로 나눠집니다.

해법은 보유세 강화밖에 없어 보입니다. 부동산 투기는 매우 상식적인 경제 행위입니다. 내가 투자한 돈(투입) 대비 기대되는 수익(산출)이 확연하게 높을 때 투기심리가 작동합니다. 이 기대 수익을 낮추는 것은 정부의 의무입니다. 그래서 집으로 큰 이익이 남는 경우에 대한 부담을 높여야 합니다.

땅은 내가 주인이라고 해서 내 맘대로 하면 안 되는 유일한 재화입니다. 복제가 불가하기 때문입니다. 우리 헌법 121조 1항은 "국가는 농지에 관하여 경자유전의 원칙이 달성될 수 있도록 노력해야 한다"라고 규정합니다. 땅을 갖고 있으면서 (농사 짓지 않고) 그냥 이익을 얻는 것 자체가 반칙이라는 뜻입니다.

하나만 더. 한남 더힐 같은 아파트의 보유세가 수천만 원 된다고 걱정하는 기사도 그만 보면 좋겠습니다. 70억 원이 넘는 아파트에 살면서 보유세 걱정한다면 사실 (우리의 BTS도 살고 있는) 한남 더힐의 주민이 될 자격이 없습니다. 그리고《뉴욕타임스》기자들은 맨해튼 이스트 82번가의 수백억 주택에 사는 주민들이 내야 하는 막대한 보유세를 매일같이 걱정하지 않습니다.

기자들은 왜
'평당 1억'에 집착할까?

"기자들 중에 평당 1억 아파트 사는 사람들이 많아?" 누군가 물었습니다. 제 주변에는 없습니다. 제가 아는 부동산 출입 기자들 중에 평당 1억 원 아파트를 갖고 있는 동료는 없습니다. '안물안궁'인데, 그런데도 하루가 멀다 하고 '평당 1억' 기사가 이어집니다.

과거처럼 강남 아파트들이 부동산 시장을 선도하지도 않습니다. 강남 아파트가 전국 아파트 가격의 선행지수가 아닙니다. 특히 한남 더힐 같은 '평당 1억' 아파트들은 일반적인 부동산 지표 흐름에서 크게 벗어납니다. '아리팍'이 오른다고 일산이나 용인의 아파트값이 오르지도, 대전 둔산의 아파트값이 내리지도 않습니다. 어디는 오르고, 어디는 내릴 뿐입니다. 사회적으로 여기에 크게 주목할 이유가 없습니다.

뉴욕 맨해튼에 있는 욕실이 세 개 정도 되는 주택의 집값은 보통 300~ 400백억 원이 넘습니다. 폭락했다가 금융위기 이후 두 배 이상 집값이 급등했습니다. 그리고 2019년 다시 급락했습니다.

그렇다고 미국의 주요 언론이 이를 중계하듯 보도하지 않습니다. 전혀 관심사가 아닙니다. 기자들이 이를 부러워하지도 않습니다. 매달 1만 달러가 넘는 관리비를 낼 수 있는 그들만의 리그일 뿐입니다. (뉴욕 연수 시절 이스트 맨해튼의 한 평범한 주택에 초대받았는데, 그 집에는 주차장이 없었습니다. 차를 매일 보안업체가 가져다주는데 이를 위해 월 2,500달러를 냈습니다. 당시 우리 가족이 머물던 뉴저지 아파트의 월세가 1,900달러였습니다.) 그런데 우리 신문을 펴면 유독 '평당 1억' 기사들이 넘쳐납니다.

정부도 강남에 집착하기는 마찬가지입니다. 정부의 마음속 한켠에 '강남 집값이 수억 원씩 오르는 것은 공정하지 않다'는 프레임이 있습니다. 간절하게 강남 집값을 잡고 싶습니다. 그것이 정의롭다고 생각합니다. 하지만 돈은 너무 많이 풀렸고, 그 돈은 일부에 잔뜩 몰려 있습니다. 금리마저 0퍼센트에 근접했습니다. 풀린 돈은 중력이 끌어당기듯이 압구정 현대아파트로 향합니다. 통화도 재정도 금리도…. 대내외 환경이 강남 집값을 잡기가 쉽지 않습니다.

거시적 환경이 모두 불리하니 분양가 상한제 같은 땜질식 대책이 이어집니다. 하지만 이미 욕망의 부동산 열차에 올라탄 국민들은 이런 대책을 신뢰하지 않습니다. 쉽게 강남 집값이 식을 거라 믿지 않습니다. 정작 강남에 아파트를 소유한 사람들의 지대 혜택을 줄일 수 있

아시아경제 ⬛

월급 모아 집 사려면 15년4개월 걸려

기사입력 2008.11.04 오후 5:58 | 기사원문 | 스크랩 | 🔊 본문듣기 · 설정

TV CHOSUN

청년층 서울 아파트 사려면..."한푼도 안쓰고 15년 모아야"

기사입력 2018.09.26 오전 11:09 | 최종수정 2018.09.26 오후 2:15 | 기사원문 | 스크랩 | 🔊 본문듣기 · 설정

한국경제

서초구에서 내집 마련하려면 월급 15년 동안 꼬박 모아야

📰 26면 2단 | 기사입력 2012.01.15 오후 6:32 | 최종수정 2012.01.16 오전 4:43 | 기사원문 | 스크랩 | 🔊 본문듣기 · 설정

서울경제

[S머니] 규제 부작용에 더 멀어진 꿈...월급 15년 모아야 서울서 내집 산다

📰 14면 TOP | 기사입력 2020.02.28 오후 4:58 | 최종수정 2020.02.28 오후 5:18 | 기사원문 | 스크랩 | 🔊 본문듣기 · 설정

'15년 월급 모아야 집 산다' 관련 10년간의 기사들

는 보유세 인상 등의 근본적인 정책은 뒤로 밀렸습니다.

진짜 진보정부라면 고가주택의 보유세를 높여 지대 이익을 낮추고, 재정을 과감하게 투입해 임대아파트를 늘려야 합니다. 복잡하지 않습니다. 이 원칙을 놓치면서 시장은 꼬이고, 정책은 복잡해졌습니다.

올 초에 '자고 나면 1억 껑충' 하는 기사가 한참 유행하더니, 다시 '1평에 1억' 기사가 쏟아집니다. '1억'을 참 좋아합니다. 이제 '집을 사려면 15년치 월급을 모아야 한다'는 기사가 등장했습니다. 이런 기사는 10여 년 전에도 나온 이야기입니다.

큰 의미가 없습니다. 하지만 이런 기사들은 매일 아침 수많은 국민

들에게 상실감을 가져다줍니다. 이 상실감은 특히 집이 없거나 변두리에 집을 소유한 국민들을 자극합니다. 이들이 불필요하게 부동산 시장에 진입하게 유도합니다. 선진국 어디에도 자가주택 보유율이 60~70퍼센트를 넘는 나라는 없습니다.

소득이나 자산이 부족하면 집을 사면 안 됩니다. 게다가 과도한 빚을 내서 구입하는 주택들은 집값이 오를 가능성이 매우 낮습니다. 그런데도 이런 기사들은 서민들을 자극해 잘못된 경제적 선택을 부추깁니다. 이익은 주로 거대 시행사나 대형 건설사로 옮겨 갑니다.

언론은 오늘도 '한남 더힐 73억 원에 팔려' 같은 소식을 속보로 전하고 있습니다. 매일 아침 우리 언론은 '1억 껑충' '붐비는 모델하우스 인파, 전매제한 안 무서워' '자고 나면 쑥쑥, 개발호재 가득' 같은 소식을 전합니다. 하지만 시장이 반전되면, '불과 한 달 사이 공실만 텅텅' '투매 공포, 잠실까지 무너지나' 같은 기사를 쏟아낼 겁니다.

'1평에 1억'은 대중에게 환상일 뿐입니다. 환상을 부추기는 건 언론이 아닙니다. 마술사나 할 일입니다. 가뜩이나 온 국민의 꿈이 건물주인 나라에서, 이런 기사 관행을 버릴 시간입니다. (국토교통부에서 낸 주거실태 관련 보도자료를 보니, 최저 주거기준에 못 미치는 주택에 사는 아동이 여전히 100만 명이 넘습니다. '평당 1억' 기사 대신 이런 문제를 좀 취재하면 안 될까. 1인 가구 최소 주거면적은 14제곱미터입니다. 부엌을 포함해야 합니다.)

어쩌다 아파트 공화국에 살게 됐을까?

"저 건물들은 북한이 침략하면 쓰러트려 길을 막기 위한 것들 인가요?"

『아파트 공화국』의 저자 발레리 줄레조가 처음 한국을 찾았을 때, 강변에 수없이 이어지는 고층아파트의 정체가 궁금해졌습니다. 프랑스의 지리학자에게도 서울의 다닥다닥 붙은 고층아파트는 도무지 이해하기 힘든 주거 형태였습니다. 유럽에서 이런 아파트는 주로 이민자를 위한 서민형 주거 형태입니다. 종종 인권운동 하는 분들이 사람을 '저런' 환경에서 살게 하면 안 된다고 비판합니다.

누구는 국토가 좁으니 홍콩 같은 아파트 문화가 불가피하다고 합니다. 우리나라 전체 국토에서 주거지역이 차지하는 비율은 2,701제곱킬로미터입니다(「2019 도시계획현황」 국토교통부). 우리가 주거를 위해 쓰는 국토는 전체의 2.7퍼센트입니다. 우리 국토는 홍콩의 200배가 넘습니다.

아파트 공화국은 어디서 시작됐을까?

근대화가 시작되고 1960년대 서울에 거대한 아파트 공급이 시작됩니다. 인구가 급증하고 소득이 급등합니다. 1971년까지 서둘러 2,000동을 공급하기로 했습니다.

"우리나라의 의식주 생활은 너무나도 비경제적이고 비합리적인 면이 많았음은 주지하는 바입니다. 여기에 생활혁명이 절실히 요청되는 소이가 있으며 현대적 시설을 완전히 갖춘 마포아파트의 준공은 이러한 생활혁명을 가져오는 데한 계기가 될 수 있다고 생각되는 것입니다. (…) 인구의 과도한 도시집중화는 주택난과 더불어 택지가격의 앙등을 가져오는 것이 오늘의 필연적인 추세인 만큼 이의 해결을 위해선 앞으로 공간을 이용하는 이러한 고층아파트 주택의 건립이 절대적으로 요청되는 바입니다." 박정희 국가재건최고회의 의장, 1962년 마포아파트 준공식에서

1960년대 중반, 서울 주택의 35퍼센트가 판자촌이었습니다. 서울의 주거 형태를 빠르게 개선하고 싶었습니다. 하지만 1970년 4월, 서울 창전동의 와우아파트가 입주 넉 달 만에 무너집니다. 박정희 대통령의 불도저라고 불린 김현옥 서울시장이 물러납니다. (육사 8기생으로 5·16 군사정변을 함께 주도한 장동운이 미국 군사학교 시절 아파트라

는 집단적 주거 형태를 보고 온 뒤, 주택공사 사장을 하면서 구체적으로 실현했다는 주장도 있습니다.)

그리고 1971년 여의도 시범아파트가 등장합니다. 절대 무너지지 않는 '시범'을 보인 아파트입니다. 획기적이었습니다.

입주 초기 엘리베이터에 안내양이 근무했습니다. 넓은 평수에 고층의 단지형 아파트를 선보였습니다. 한강 건너의 땅, 여의도를 개발하겠다는 박정희 대통령의 꿈이 배어 있습니다. (서울대 전상인 교수는 "대한민국 전체가 지붕 없는 박정희 기념관"이라고 했고, 전북대 강준만 교수는 아파트를 "공적 냉소와 사적 정열이 지배하는 사회"라고 했습니다.)

상습침수 지역으로 아무도 살지 않는 여의도에 아파트와 함께 초·중·고등학교와 방송국 그리고 국회를 배치했습니다. 새로 생겨난 계급인 '중산층'들이 하나둘 여의도에 자리를 잡았습니다.

이후 아파트는 한민족의 새로운 주거양식이 됐습니다. 아파트에 살고 싶어졌습니다. 아파트에 대한 꿈은 1983년 정부가 강남을 개발하면서 가속화됩니다. 아파트는 서서히 중산층의 꿈, 자산의 중심, 계급의 상징으로 자리 잡습니다. 그리고 이제는 산간벽지까지 아파트가 들어섰습니다.

아파트는 편리하고 폐쇄적 공간입니다. 성냥갑 같은 판상형 아파트는 공간 활용이 극대화됩니다. 32평 아파트의 구성도 공산품 찍어내듯 똑같습니다. 거실의 소파와 벽걸이 텔레비전 배치도 똑같습니다.

여백이 없으니 여유도 없습니다. 그렇게 32평 안에 가족을 가둡니다. 소통은 제한됩니다. 몇 년을 살아도 앞집에 누가 사는지 모르고,

할아버지와 고모는 명절에나 만나는 사람들이 됐습니다.

아파트는 높은 담으로 외부와 구분됩니다. 나와 남을 구분하는 구획이 가족에서 아파트 단지로 확장됩니다. 높은 담 옆에는 인도와 널따란 도로가 자리를 잡습니다.

마을은 단조로워집니다. 외국인 입장에선 서울 어디를 가도 마을이 비슷합니다. 그렇게 서울은 똑같은 얼굴의 마을과 주택들의 도시가 됐습니다. 그리고 아파트의 가장 높은 자리엔 큼직하게 아파트 브랜드가 새겨졌습니다.

"어른들은 창가에는 제라늄 화분이 놓이고 지붕 위에는 비둘기가 날아드는 멋진 빨간 벽돌집이라고 하면 관심이 없고, 100만 프랑짜리 집이라고 해야 비로소 멋진 집이라고 경탄한다." 생텍쥐페리, 『어린 왕자』 중에서

'느그 아버지 뭐 하시노?'처럼 '너는 어디 사는데?'가 익숙해집니다. 신입사원 중에 누가 강남 출신인지 금세 알려집니다. 이제 아파트는 나와 가족의 정체성을 상징합니다. 지위재가 됐습니다.

반대로 고급주택을 상징하는 빌라는 우리나라에선 난데없이 중저가 주택이 됐습니다. 그렇게 값비싼 강남 아파트는 우리 욕망의 종착점이 됐습니다.

런던이나 파리, 바르셀로나 같은 메트로폴리탄도 주거지역은 철저하게 고도를 제한합니다. 도시가 비대해지는 것을 인위적으로 막고 있습니다. 모든 대도시에 초고층 주거시설이 있지만 우리처럼 1,000만

도시 전체에 30층 넘는 아파트가 빽빽이 들어선 도시는 거의 없습니다. 그런데 우리는 이제 33층 아파트도 낮다며 50층을 요구합니다.

누구나 아파트에 살고 싶어 하지만, 왜 아파트에 살아야 하는지 잘 모릅니다. 집값이 계속 오르고, 더 높게 더 많이 지어야 한다는 목소리는 더 커집니다. 아파트는 그렇게 주거공간을 넘어 욕망의 공간이 됐습니다.

당신은 어디 살고 있습니까?

그 땅에서 나가주세요!

1960년대에 산업화와 도시화가 진행되면서 대규모 인구가 도시로 유입됩니다. 도심 주거여건은 빠르게 악화됩니다. 4대문 외곽에서 성남·부천·안양·평택·시흥까지 주거지역이 빠르게 확대됩니다. 하지만 주택이 턱없이 부족합니다. 불량 노후주택이 급증합니다.

박정희 정부는 1966년 토지구획정리사업법을 만들어 서울 외곽에 대규모 주택단지를 만듭니다. 그곳이 지금의 강남입니다. 그리고 1971년 새로 집권한 신군부는 역사적인 택지개발촉진법을 제정합니다.

들판에 먼저 들어온 사람들이 집을 짓고 살았다. 이 들판은 땅이 비옥하고 냇물이 흐르며 성과 가깝다. 들판에 사는 사람들이 점점 늘어 집은 50가구가 됐다. 그런데 주변을 지나던 임금

님은 이 들판에 집을 더 많이 지으면 모두에게 좋겠다는 생각이 들었다. 병사들은 들판에 살던 50가구를 적당한 값을 주고 쫓아내고, 새 주택 1,000채를 새로 지었다. 모두 공공의 이익을 위해서였다.

신군부는 주택난으로 국민들의 민심이 악화되는 것을 가장 우려했습니다. 택지개발촉진법은 거대한 지역을 공공택지로 지정하고, 여기에 대규모 아파트 단지를 건설할 수 있는 법적 근거가 됐습니다. 기존의 도시계획법 등 19개 법률은 이를 위해 일시 효력이 정지됩니다.

특히 이 법은 이미 그 땅에 살고 있던 주민들을 쫓아낼 수 있는 근거가 됐습니다. 이를 통해 정부는 빠르게 주택을 공급했습니다. 이제 지도에 선을 긋고 원주민들에게 보상을 해준 뒤 아파트를 지으면 됩니다. 서울 개포와 고덕, 목동, 상계, 중계 지역이 이렇게 태어났습니다. 1990년대 초반에 들어선 일산과 분당 등 1기 신도시도 모두 택지개발촉진법이 있어서 가능했습니다.

1987년 645만 채였던 전국의 주택 수는 4년 뒤엔 800만 채를 돌파합니다. 불량 레미콘 파동 등 부작용도 만만치 않았지만 이렇게 서울의 집값은 빠르게 안정됩니다. 또한 이 법은 21세기에 한민족의 65퍼센트가 아파트라는 콘크리트 건물에 살게 된 결정적인 배경이 됩니다.

택지개발촉진법은 45년이 지나 2014년 폐지됩니다. 주택시장이 차갑게 식고, 아파트가 초과 공급됐다는 사회적 인식이 커지던 박근혜 정부 시절입니다. 박근혜 정부는 더 이상 신도시를 짓지 않겠다고 선언합니다. 이후 다시 집값이 오르자 문재인 정부는 3기 신도시를 추진합니다. 그러니 우리의 시장 예측 능력은 얼마나 터무니없이 빗나가는지….

택지개발촉진법은 우리 주거시장 안정에 결정적 기여를 했습니다. 하지만 그 방법이 공정했는지는 여전히 논란입니다. 지금 우리 국민 4분의 1은 공공택지에 삽니다. 공공을 위한 택지는 소수의 희생을 모른 척하며 완성됐습니다.

'다수의 이익을 위해 소수의 권리는 언제나 희생돼도 좋은가?' 이 법은 결과를 위해서라면 과정을 희생해도 좋다는 우리 개발시대 공식을 상징합니다.

도심 재개발 과정도 비슷합니다. 우리 재개발은 노후주택을 고쳐 쓰는 선진국과 크게 차이가 납니다. 우리나라에서는 노후주택을 허문 자리에 번듯한 브랜드 아파트가 들어섭니다. 하지만 워낙 급격한 주거시설 개선으로 원래 살던 집주인이 그 새 아파트에 들어가는 비율은 20~30퍼센트밖에 되지 않습니다.

게다가 기대만큼 황금알을 낳는 거위도 아닙니다. 건설사는 이윤을 추구하고, 조합원은 건설에 무지합니다. 재개발 이윤의 대부분은 건설사로 옮겨 갑니다. 대부분의 조합원들은 처음 알려진 것보다 훨씬 더 높은 본인부담금을 부담합니다. 만일 소송이라도 걸리면 사업은 미뤄지고, 사업의 경제성은 더 떨어집니다.

턱없이 비싸진 새 아파트를 분양받지 못하고 조합원 대부분은 (상당히 오른 집값에 따른) 보상을 챙긴 뒤 정든 마을을 떠납니다. 이런 식으로 도심 대부분 지역의 집값이 오르면, 그 보상금의 상대적 가치도 그만큼 줄어듭니다. 이렇게 오른 집값은 다른 지역 주민들의 주거비용을 끌어올립니다.

도심 재개발 과정에서 가장 큰 피해자는 상가 세입자입니다. '단골'과 '명성'이라는 장사의 밑천을 털고 나와야 합니다. 2009년 용산참사가 대표적인 사례입니다.

성실하게 일하며 수십 년 동안 사장님으로 불리던 참치전문점 점주는 '자기 집도 아니면서 무슨 권리를 주장하는가?'라는 1차원적인 질문에 삶의 터전에서 밀려났습니다. 정부는 이주를 거부하며 옥상에서 시위를 벌이던 상인들에게 테러 단체 진압하듯 헬기와 경찰특공대를 투입했습니다. 6명이 숨졌습니다. (법무부 검찰과거사위원회는 경찰의 진압 작전이 무모했고 체포 과정이 가혹했다고 결론지었습니다. 당시 서울경찰청장은 이후 국회의원이 됐습니다.)

개발시대가 지나고, 조자룡 헌 칼 쓰듯이 남용된 택지개발촉진법의 시대도 지나갑니다. 이제는 약자와 소수의 희생을 최소화하는 주택공급과 도심개발에 대한 논의가 활발하게 진행되고 있습니다.

1950년대 이후 미국에서는 주로 흑인들이 살던 슬럼가를 재정비한 뒤 새 주택에 주로 백인들이 입주했습니다. 이른바 '슬럼 클리어런스slum clearance' 재개발 방식입니다. 지역 흑인의 희생으로 백인의 주거환경이 개선됩니다.

이 무렵 존슨 대통령은 '위대한 사회The Great Society'를 위해 사회적 약자를 지키는 도심개발이 돼야 한다고 천명합니다. 불량 주택을 허물고 도심을 재정비할 때 소유권이 없는 서민이나 소수인종을 배려해야 한다는 폴 다비도프Paul Davidoff의 옹호계획advocacy planning 이론도 이쯤 등장했습니다.

일본 등 대부분의 선진국은 세입자가 제도에 의해 불가피하게 쫓겨날 때도 여러 유형의 퇴거유예eviction moratorium 제도를 통해 보호받도록 합니다. 주거약자에 대한 사회적 인식이 자리 잡고 있습니다. 소유권이 없으니 마음대로 쫓아낼 수 있다고 생각하지 않습니다.

프랑스는 계약 기간이 끝나도 한겨울에 세입자를 내보낼 수 없습니다. 도심 재개발로 쫓겨나는 서민들을 위해 임대아파트 임차권이나 새로운 영업권 등을 보장합니다.

지금 새 아파트도 언젠가 노후화됩니다. 도심 주거여건을 개선하는 일은 과거의 과제가 아닙니다. 우리는 세입자에게 임대주택 입주권과 약간의 이주비를 제공하는 등 수익성과 공공성이 만나는 해법을 찾아왔습니다.

하지만 지금 방식은 내 아파트의 가격을 올리고, 주변 아파트의 가격을 올리며 원주민과 세입자가 다시 들어오지 못하고, 개발이익이 특정 조합원에게만 사유화된다는 문제점을 안고 있습니다. 이 방식은 급격하게 아파트 수요가 늘지 않는 시장에서 더 이상 유효하지 않습니다.

정부가 유행처럼 지도에 줄을 긋고 재개발을 신속하게 추진하는 뉴타운 사업은 실패를 거듭하고 있습니다. 대량 주택공급을 가능하게 한 택지개발촉진법은 그 수명을 다했습니다.

소규모의 점진적 재개발을 고민할 시점입니다. 선진국의 수많은 메트로폴리탄이 철거가 아닌 도심 재정비를 선택합니다. 법이나 제도보다 주민들의 입장을 더 고려하는 주민 자치형 재정비도 논의되고 있습니다. 세입자들의 주거권이나 영업권·생활권을 보장하는 방법도 중요합니다. 그 어떤 주거환경 개선 해법도 약자가 쫓겨나야 한다면 정답이 아닐 겁니다.

용적률이
계급이 되는 사회

1900년, 세계 최대도시는 런던이었다. 651만 명이 살았다. 뉴욕은 350만 명, 파리에는 270만 명이 살았다. 당시 서울의 인구는 25만이었다. 100년이 흘러 런던에는 738만 명이 살았다. 서울은 990만 명이 됐다. 인구의 절반이 수도권에 모여 산다. 서울은 계속 거대해진다. 그런데도 아파트 층수를 더 올리자는 목소리가 높다. 계속 층수를 올리면 서울에 집을 사겠다는 우리의 욕구는 좀 사그러질까. 런던은 왜 멕시코시티나 뭄바이처럼 거대도시를 선택하지 않았을까.

2014년 서울시는 '2030 도시계획'을 발표하면서 일반 아파트는 35층, 주상복합아파트는 50층으로 규제합니다. (그전에 착공한 동부이촌동의 래미안첼리투스 같은 아파트는 50층이 가능했습니다.) 35층 이상 아파트가 가로막고 있으면 도심의 주민들에게는 한강이 잘 보이지 않고, 한강변 주민들은 산이 잘 보이지 않는다고 판단했습니다. 집값을 잡지 못하자, 다시 층수 제한을 풀자는 주장이 나옵니다. 은마아파트의 용적률을 올려주고, 층수도 50층까지 허용하자는 겁니다.

은마아파트는 3종 일반주거지역입니다. 새로 지으면 보통 200퍼센트 용적률을 적용받습니다. 그런데 은마아파트의 지금 용적률이 이미 204퍼센트입니다. 그러니 남은 방법은 1:1 재건축, 35층까지 올리는 겁니다(대신 동간 거리는 널찍해집니다). 그럼 늘어나는 새 아파트가 별로 없습니다. 일반분양할 물량이 없습니다. 조합원들은 내 돈 들여 재건축을 해야 합니다. 조합원들의 추가분담금이 크게 늘어납니다. 재건축이 어려워집니다.

방법은 서울시가 종을 상향해 용적률을 더 높게 올려주는 겁니다. 이 모든 중심에 '용적률'이라는 황금 보따리가 있습니다.

용적률은 하늘의 공간을 더 쓸 수 있는 합법적인 기준입니다. 오래전 서울시가 정해놓은, 천부적이지도 않은 이 규정에 따라 재건축의 운명이 결정됩니다. 용적률이 높으면 더 많은 아파트를 지을 수 있고 당연히 고층아파트가 가능합니다. 조합원들은 여분의 아파트를 일반분양해서 여기서 나오는 수익으로 건축비 부담을 줄입니다. 공짜로 '헌집 줄 게 새 집 다오'가 가능한 것도 용적률이라는 황금 보따리 덕분입니다.

수험생에게 내신 등급이 있듯이 용적률에도 등급이 있습니다. 정

	정부 기준	서울시 기준
1종	100~200	~150
2종	150~250	~200
3종	200~300	~250

단위: 퍼센트

일반 주거지역의 용적률 허용 범위

확히는 땅에 매긴 등급입니다. 마치 계급 같습니다. 땅에 지을 수 있는 건물의 총면적을 정합니다. 당연히 앞으로 들어설 아파트의 신분을 결정합니다.

오래전에 건축한 15층 아파트 대부분이 3종 주거지역입니다. 당연히 재건축조합은 3종을 준주거지역으로 상향하기 위해 안간힘을 씁니다. 30층 아파트가 50층이 가능해집니다. 서울 잠실5단지도 50층의 꿈을 위해 3종 일반주거지역에서 준주거지역으로 승진(?)을 시도하고 있습니다. 서울시는 해외 건축가의 설계 등 까다로운 조건을 요구하고 있습니다.

준주거지역 위로 상업지역이라는 특권층(?)이 있습니다. 애당초 아파트를 짓지 못하는 상(업)스런 계급이었습니다. 하지만 도심 공동화를 막고, 특히 서울의 주택공급을 늘리기 위해 상업지역에 아파트를 허용했습니다. 그래서 테헤란로와 을지로 등 빌딩숲 사이로 생겨난 상(업)스런 주거공간이 주상복합아파트입니다. 마천루 같은 주상복합아파트를 잉태하면서 상업지역은 이제 땅의 계급에서 단연 최고의 신분이 됐습니다.

용적률을 올려주면 당연히 조합원들에게 막대한 이익이 돌아갑니다. 대치동 청실아파트도 2010년, 일반주거 2종에서 일반주거 3종으로 상향됐습니다. 덕분에 래미안대치팰리스로 변신이 가능했습니다. 지금은 33평이 30억 원이 넘습니다.

국내 최대 단지인 가락동 헬리오시티는 가락 시영아파트를 재건축했습니다. 역시 일반주거 2종에서 3종으로 종이 상향됐습니다. 그만큼 수백 채의 아파트를 더 지었습니다. 2018년 경제정의실천시민연합(경실련)은 종 상향으로 헬리오시티의 조합원들이 9조 원의 추가이익을 얻었다고 분석했습니다.

만약 은마아파트의 종을 준주거지역으로 상향해서 49층까지 허용하면? 가능합니다. 하지만 은마아파트는 4,000여 가구를 가정하고 지어졌습니다. 재건축으로 6,000여 가구가 들어서면, 일단 일조권과 조망권에서 상하수도까지 여러 문제가 불거집니다. 주변 학교부지도 공원부지도 부족해집니다. 은마아파트 주변엔 고층 빌딩도 없습니다. 스카이라인이 울퉁불퉁해집니다. 교통 정체도 심해집니다. 여기까지는 눈에 보이는 문제입니다.

가장 큰 문제는 형평성입니다. 용적률을 올려주는 순간 전국의 재건축조합이 일제히 용적률 상향을 요구할 겁니다. 은마아파트는 유독 보는 눈도 많습니다. 만약 우리 동네 A재건축 아파트의 용적률을 올려주면 이웃들에겐 어떤 영향을 미칠까?

가락 시영아파트가 재건축되면서 송파구에는 수천 가구의 아파트가 추가 공급됐습니다. 공급이 늘면 가격은 떨어집니다. 주변 A아파트는 가격이 떨어졌어도, 이를 증명하거나 보상받을 방법이 없습니다. 외부효과가 발생합니다. 하지만 내부화가 어렵습니다. 옆 동네 주민들도 "우리도 용적률을 올려주세요"라고 외칠 수밖에 없습니다.

실제 2000년대 초 서울시는 용적률을 마구 올려줬습니다. 서울에 주택공급이 필요했고, 도심 아파트들이 빠르게 노후화됐습니다. 아파트를 높게 올리도록 허용해 주고, 서울시는 임대아파트나 공공시설이 들어설 땅을 대신 돌려받았습니다.

> 헬리오시티의 종 상향으로 조합원들은 대략 500채의 아파트를 더 지어 분양했다. 기부채납을 통해 서울시는 1,000여 채의 임대아파트를 얻었다. 그야말로 누이도 좋고 매부도 좋다. 대치동 선경아파트도, 삼성동 홍실아파트도 그때 모두 3종 일반주거로 종 상향이 이뤄졌다. 사실상 집집마다 수천만 원에서 수억 원을 나눠준 셈이다. 이를 용적률로 지급하지 않고, 현금으로 지급했다면, 주변 아파트 단지는 과연 보고만 있었을까?

용적률의 마법은 언제까지 가능할까? 서울시는 하늘의 땅(공중권)을 쓸 수 있는 권리를 지역별 총량으로 나눠줍니다. 앞으로는 상대적으로 개발이 덜 된 동북권과 서남권에 주로 용적률을 올려줄 계획(서울시 생활권계획)입니다. 상대적으로 강남 지역에 나눠줄 용적률은 작아 보입니다. 서울의 아파트는 더 높아지고 공급은 더 늘어날 것입니다.

그런데 서울의 노후 아파트 상당수가 이미 재건축을 마쳤습니다. 5~15층 아파트들은 너도나도 35층 아파트로 변신하고 있습니다. 남은 용적률이 없습니다. 0.1퍼센트까지 그야말로 '영끌'해서 모두 사용했습니다. 이제 그 아파트를 새로 지을 때는 용적률이라는 황금 보따리가 남아 있지 않습니다.

용적률이 남지 않은 아파트는 모두 내 돈을 들여 새로 지어야 합니다. 아파트는 비로소 소비재가 될 것입니다. 소비재는 시간이 지나 낡으면 다시 내 돈 들여 사야 합니다.

그렇다고 용적률을 계속 올려줘서, 마냥 사업성을 좋게 해줄 수도 없습니다. 곧 인구도 줄어듭니다. 서울의 아파트를 모두 3종으로, 준주거지역으로, 또 상업지역으로 종을 상향해 주면, 지방의 대도시와 수도권 아파트는 어떻게 될까?

인간은 땅에 민감합니다. 2차원 공간의 땅이 있으면 시장경제에서 아주 유리한 위치를 차지합니다. 용적률은 공중권air right을 결정합니다. 3차원 공간의 공중권은 땅 이상의 재산권을 부여합니다. 용적률을 높여주면 누군가 하늘을 더 쓸 수 있는 권리를 얻습니다. 공중권을 사고팔 수 있는 뉴욕에서, 공중권의 가격은 계속 치솟고 있습니다. (뉴욕 맨해튼의 트럼프타워도 옆 건물의 용적률을 사들여 더 높게 지었습니다. 미국은 일부 은행이 용적률의 가치를 돈으로 평가해 거래를 중개합니다.)

바벨탑의 어원은 히브리어로 '혼란'입니다. 아파트를 계속 높이 올리려는 우리의 욕망은 바벨탑처럼 계속 높아집니다. 선진국은 왜 주거지역에서 좀처럼 고층아파트를 허용하지 않을까? 재건축 공화국에 살면서 한번 생각해 볼 문제입니다.

과연 용적률 상향은 공정하게 이뤄져 왔을까? 용적률 상향은 어디까지 가능할까? 아파트가 몇 층까지 올라가면 우리의 욕망을 다 채울 수 있을까?

그리고 용적률 상향이 더 이상 어려워질 때, 우리 아파트 시장은 어떻게 변할까?

아파트는 올라가고
인구는 줄어든다

인구가 줄어든다고 해도 경제가 계속 성장하고 돈이 더 풀리면 땅이라는 재화는 한정돼서 집값은 절대 안 떨어진다는데, 그럼 제주도의 집값은 왜 계속 떨어지는가?

2019년 합계출산율이 1.0 밑으로 떨어졌습니다. 전 세계 239개 나라 중 가장 낮습니다(세계은행, 2018). 1980년대 전국의 초등학생 수는 500만 명을 넘었습니다. 점점 줄어들더니 2019년에는 274만 명까지 줄었고, 2020년에는 269만 명까지 줄었습니다.

해마다 초등학교에서 사용하던 책걸상 5만여 개가 버려집니다. 그러니 초등학생을 상대로 하는 태권도 학원 원장님이나 피아노 과외를 하는 선생님이 '경기가 지독하게 안 좋다'고 느끼는 것은 상당 부분 착각입니다. 경기가 안 좋은 게 아니라 학생 수 자체가 크게 줄어든 것입니다. 사립유치원 수는 실제로 빠르게 줄고 있습니다.

주택시장은 보통 결혼을 하고 30대에 진입합니다. 급격한 인구 감소가 주택시장을 직접 타격하는 데까지는 아직 시간이 있습니다. 문제는 고령화입니다. 우리는 세계에서 유래를 볼 수 없을 만큼 빠른 속도로 고령화가 진행 중입니다. 지난 2010년 545만 명 정도였던 65세 이상 인구는 오는 2060년 1,762만 명으로 늘어납니다(「한국 인구구조 변화와 장기성장 전망」KDI).

65세 이상 인구는 좀처럼 집을 옮기지 않습니다. 근본적으로 주택시장 수요가 줄어듭니다. 이미 국내 이동자 수(인구이동률)는 해마다 2퍼센트가량 떨어지고 있습니다. 신규 부동산 시장에도 상대적으로 덜 진입합니다. (지금처럼 임대주택 사업의 혜택이 높다면 투자를 위해 진입하지만, 이런 부동산 투자가 계속 수익을 낼 수는 없습니다.) 특히 수도권이 더 빠른 속도로 늙어갑니다. 이 속도라면 6~8년 안에 통계적으로 고령화됩니다.

고령 사회가 되면 서비스업이 먼저 영향을 받습니다. 동네 편의점과 세탁소, 카센터, 주유소가 줄어듭니다. 이후 학교와 병원이 사라집니다. 서서히 도시가 소멸됩니다. KDI는 전국 228개 시군구 중 89개가 30년 안에 사라질 것이라고 전망합니다. (극심한 인구 감소를 먼저 경험하고 있는 일본은 2000년대 초부터 지역 균형발전을 포기했습니다. 대신 선택과 집중을 위해 지역 거점도시를 집중 지원합니다. 똑똑한 도시 하나를 선택해 지방 소멸을 막겠다는 계획입니다. 인구 20만 이상 도시 중에 주간 인구 비율이 야간 인구 비율보다 높은 도시가 기준입니다.)

당연히 빈집 문제가 따라옵니다. 도심의 새집으로 하나둘 떠나고, 빈집은 필연적으로 늘어납니다.

노무라증권은 2033년 일본에서 빈집이 전체 주택의 30.5퍼센트 (2,147만 채), 2040년 전체 주택의 43퍼센트에 달할 것으로 전망했습니다. 우리도 이미 2019년 통계청 기준 전국의 빈집은 151만 채입니다. 경기도가 27만 채로 가장 많습니다. 그중 83만 채가 아파트 빈집입니다. (정부의 빈집 통계에는 일시적인 이사나 미분양 등의 사유도 포함됩니다.)

인구 감소는 오히려 도심 집중 현상을 가속화합니다. 맞벌이가 일상화되면서 신규 가구일수록 직장과 가까운 집(직주근접)을 선호합니다. 게다가 선진국은 제조업이 첨단 지식산업으로 산업이 재편될수록 오히려 직장의 도심 집중이 강화됩니다. 인구가 줄어도 도심 한복판의 주택수요가 좀처럼 낮아지지 않을 가능성이 높습니다.

도심 안에서도 역세권 등 밀집지역으로 더 사람이 몰립니다. 도쿄에는 '7분 법칙'이 있습니다. 지하철 역에서 7분 거리의 주택수요가 갈수록 높아집니다.

인구가 줄어들수록 유동인구는 제한된 몇 개 도시로 선택적으로 밀려듭니다. (주가가 대세 하락할 때 몇 개 종목만 더 크게 오르는 현상과 비슷합니다.) 주로 인구 천만 명 이상의 메트로폴리탄에 경제활동이 집중됩니다. 이들 지역의 주택수요는 좀처럼 떨어지지 않습니다. 도쿄 인구는 2016년에 비해 40만 이상 늘었습니다. 결국 부동산 시장의 차별화가 더 극심해집니다.

인구는 줄어도 가구 수는 계속 늘어납니다. 1인 가구가 늘어나기 때문입니다. 그만큼 한 주택에서 사는 평균 가구원의 수는 당연히 줄어듭니다.

선진국은 보통 인구 1,000명당 가구 수가 400호 정도입니다. 한 집에 2.5명쯤 거주한다는 뜻입니다. 우리나라도 비슷합니다. 2019년 한 집에 2.4명쯤 거주합니다(「인구총조사」 통계청). 30년 후 2.03명으로 줄어들 것으로 예상됩니다(「2017~2047 장래인구특별추계」 통계청).

우리 주택법에는 '국민주택 규모'가 있다. 임대주택의 공급 기준이나 청약시 가점 등 거의 모든 공공 분양과 청약에서 혜택을 보려면 전용면적 85제곱미터 이하의 국민주택 규모를 충족해야 한다. 왜 85제곱미터(25.7평)일까? 1970년대 우리는 한 집에 평균 5.2명이 거주했다. 1인당 5평 정도가 필요하다고 판단했기 때문이다. 하지만 이제 한국인은 한 집에 2.4명밖에 살지 않는다.

이는 더 작은 집의 수요가 높아진다는 것을 의미합니다. 큰 집의 수요는 그만큼 줄어들 것입니다.

혼자 사는 가구가 많은 대표적인 도시 도쿄에서는 '아주 좁다'는 의미의 '교쿠세마'라는 용어도 생겼습니다. 1인이 사는 원룸 면적은 보통 20제곱미터, 7평이 채 되지 않습니다.

반포 자이의 90평(244제곱미터) 시세는 43억 정도입니다. 평당 8,000만 원 정도로 계산하면 60평 아파트와 24억 차이가 나야 합니다. 하지만 반포 자이 90평 아파트와 60평 아파트의 시세 차이는 5억 정도에 불과합니다. 큰 집의 인기는 이미 식고 있습니다.

정리하면 대도시에서 멀수록, 또 노인 인구가 살지 않을수록, 특히 대형 평형의 주택은 수요가 낮아질 수밖에 없는 구조입니다. 그러니 압구정 현대아파트의 가격이 40억 원을 넘었다고 해서, 2억 원에서 3억 원으로 급등한 수도권 외곽의 (중대형 평형) 아파트를 추격 매수하는 것은 매우 위험해 보입니다.

인구 감소로 집값 안정이 힘들어지면 정부는 주택의 명목가격을 유지하기 위해서 유동성을 강화할 가능성이 높습니다. (금리는 이미 더 내릴 게 없습니다.) 집값이 20~30퍼센트 이상 급락하면 그 여파가 돈을 빌려준 금융권으로 이어집니다. 집값은 오르는 것보다 떨어지는 것이 더 무섭습니다. 넘쳐나는 돈으로 집값 급락을 막아야 합니다.

지금도 돈은 상상 이상으로 풀리고 있습니다. 시중 통화량(M2, 민간이 보유 중인 현금＋요구불 예금＋만기 2년 미만의 정기 예·적금)은 2018년 2,626조 원에서 2019년 2,809조 원대로, 2020년 5월에는 3,053조 원대로 늘어났습니다(한국은행).

돈의 범람이 집값을 유지하는 데 큰 버팀목이 될 수 있습니다. 하지만 그것도 매우 차별적으로 이뤄질 가능성이 높습니다. 한편에서 50억, 100억 아파트가 등장할 때, 소득과 자산이 받쳐주지 않는 지역의 부동산 시장은 인구 감소의 직격탄을 맞을 가능성이 매우 높습니다.

그러니 주택정책의 방향은 도심 집중과 고령화, 그리고 소형화에 맞춰야 합니다. 특히 구도심에 주택 에너지를 불어넣는 도심재생에 집중해야 합니다. 하지만 집값이 6년째 오르면서 건설업계(또는 건설업계의 영향을 많이 받는 학자들)를 중심으로 공급론이 힘을 얻습니다. 헌 도시를 살리기보다 신도시 건설이 추진됩니다. 자꾸 집을 더 짓습니다.

2015년에만 70만 가구의 주택이 승인됐습니다. 지난해에만 전국에서 45만가구가 새로 입주를 했습니다. 10여 년 만에 최고 수준입니다.

도심 고밀화가 답이라는 목소리는 더 높아집니다. 도심 아파트는 더 고층이 될 것입니다. 그들이 모두 입주하고 남겨진 수도권과 지방 대도시의 아파트에는 누군가 또 입주를 하게 될 것입니다.

그럼 그들이 떠난 수도권 외곽과 지방 소도시의 주택에는 누가 살게 될까?

합계출산율

15~49세 가임 여성이 평생 낳을 것으로 예상되는 평균 자녀 수.

신도시는 어떻게 구도심의 주머니를 털어가는가?

　신도시는 단기간에 수만 가구의 주택을 찍어냅니다. 도로며 학교, 공원, 심지어 교회 부지까지 계획적으로 들어섭니다. 일산이나 분당 신도시의 유흥가는 특정 블록에 모여 있습니다. 도시가 정돈돼 있습니다.

　1기·2기 신도시를 공급하면서 우리는 분명 더 좋은 주거환경을 만들고, 부족한 주택을 빠르게 공급했습니다. 이제 상당수 신도시들이 성숙한 주거여건을 갖추고 있습니다.

　하지만 성장률은 떨어지고 인구는 줄어듭니다. 상황이 바뀝니다. 무엇보다 신도시에 아파트를 수만 가구 분양하고 나면, 구도심의 재개발 여력이 떨어집니다.

인천 A 노후 구도심이 재개발된다. 1만2,000가구의 노후주택을 허물고, 3만7,000가구의 새 아파트가 들어선다. 그중 2만5,000가구를 일반분양한다. 그런데 송도에 거대한 신도시가 들어섰다. 도심 인구 10만 명을 흡수했다.

인천 구도심 대부분의 수요가 송도로 옮겨간다. 인천의 젊은 부부는 누구나 송도에 살고 싶어진다. 이제 구도심에 지어질 새 아파트를 분양받을 수요는 그만큼 줄어든다. (서울과 경기도 거주자 대부분은 인천 구도심까지 가서 아파트를 분양받지 않는다.) 2013년 송도와 청라 신도시의 개발이 궤도에 오르자, 인천 지역 도심 재정비 지역 144곳 중 142곳이 멈춰 섰다.

새 아파트를 원하는 인천과 서울 서남부 지역 시민들 상당수가 송도와 청라에 새 아파트를 분양받았습니다. 구도심 아파트의 수요가 그만큼 줄어듭니다. 이미 신도시 학교는 교실이 부족하고, 구도심 학교는 학생이 부족합니다.

신도시 건설에는 특히 막대한 재정이 투입됩니다. 송도와 청라 신도시 개발에 토지보상비만 7조 원이 투입됐습니다. 2003년 5,000억 원 정도였던 인천시의 부채는 10년 뒤 10조 원을 넘어섭니다. 구도심 재개발을 지원할 재정 여력은 그만큼 쪼그라듭니다.

남은 방법은 구도심의 용적률을 올려서 사업성을 개선해 주는 겁니다. 그럼 인천의 새 아파트 공급 총량은 더 늘어납니다. 상당수 인천 시민은 이미 신도시 아파트를 선택했습니다. 그럼 구도심의 아파트는 누가 분양받을까? 서울 시민? 대전 시민? 중국인 동포? 외계인?

시도지사는 대부분 정치인들입니다. 온갖 민원과 갈등이 넘쳐나는 구도심 정비사업보다 신도시 건설이 훨씬 쉽습니다. 도시가 만들어지면 신도시 건설의 주역이라는 명예도 얻습니다. 구도심 정비보다 신도시 건설이 우선 추진됩니다. 인천에는 송도와 청라뿐 아니라, 영종도와 검단에 추가로 신도시가 건설되고 있습니다.

재개발이 어려워질수록 구도심은 더 노후화되고 낙후됩니다. 기업도 상가도 구도심을 떠납니다. 구도심의 주택가치가 더 떨어집니다. 이렇게 구도심의 자산가치는 (주민들 모르게) 신도시로 이전됩니다.

집값이 계속 오르자 정부는 서울 가까운 곳에 3기 신도시를 짓기로 했습니다. 공급부족 때문에 집값이 오른다는 레토릭에 굴복해, 서울 근교에 30만 채를 추가로 공급합니다. 1차 예정지로 남양주 왕숙, 하남 교산, 인천 계양, 과천이, 2차 예정지로 고양 창릉과 부천 대장 지구가 지정됐습니다. 모두 서울 근교에 남은 알짜 부지들입니다. 마지막 남은 땅마저 탈탈 털어 아파트가 들어섭니다.

2기 신도시도 여전히 건설 중입니다. 위례와 화성 동탄 지구, 파주 운정, 평택 고덕, 인천 검단 신도시에도 여전히 새 아파트가 들어서고 있습니다. (계획대로라면 2025년쯤 완공됩니다.)

분당과 판교, 동탄 등을 제외한 대부분의 신도시는 여전히 거대한 베드타운입니다. 그린벨트 지역도 많습니다. 그만큼 녹지는 줄어들 것입니다. 조만간 인구가 줄고 수요가 도심으로 집중되면 서울 외곽부터 급격히 주택수요가 감소하게 됩니다. 그 피해는 주변 구도심 주민들에게 이어질 것입니다.

그럼 파주, 평택, 구리, 의정부, 천안, 군산, 마산의 구도심 아파트에는 누가 살게 될까?

이런 부작용 때문에 국토교통부는 2014년에 더 이상 대규모 택지 개발예정지구 조성을 하지 않겠다고 선언했습니다. 주택 보급률이 이미 103퍼센트를 넘었고, 기존 신도시 택지도 미분양이 넘쳐났습니다. 하지만 5년 만에 백지화됐습니다. 그사이 저출산 고령화 문제는 다 해결된 걸까? 다시 거대한 베드타운들이 서울 주변에 들어서고 있습니다.

선진국의 대도시들 역시 노령화되고 인구가 줄어듭니다. 그래서 도심을 재개발하고, 특히 압축개발합니다. 인구가 줄수록 시민들은 오히려 도시의 중심으로 이동합니다. 신도시는 애물단지가 됩니다.

인구 감소의 표본인 일본은 도쿄 주변 신도시 대부분이 몰락의 길을 걷고 있습니다. 도쿄에서 30킬로미터 떨어진 다마 신도시가 대표적인 예입니다. 20여 년 전 34만 명이었던 인구는 10만여 명으로 줄었습니다. 두 집 건너 한 집이 빈집입니다. 그나마 대부분 일자리가 없는 고령층입니다. 뉴타운은 순식간에 올드타운이 됐습니다.

신도시에 수십만 가구의 아파트가 들어서고 있습니다. 초고층 빌딩이 즐비합니다. 멋진 상가가 들어섭니다. 아름다운 스카이라인이 생깁니다. 우리는 여기에 도시 에너지 대부분을 소비합니다. 그럴수록 수도권 집중은 심화됩니다. 그만큼 부산과 광주, 대구, 대전 등 지역 대도시의 개발 동력은 줄어듭니다. 지금도 인구의 절반이 서울과 수도권에 몰려 있습니다.

1993년에 개봉한 리들리 스콧 감독의 영화 〈블레이드 러너〉에는 미래 복제인간의 휴머니즘을 다루고 있습니다. 배경이 되는 도시는 초고층 빌딩이지만 노후하고, 번잡하지만 고독합니다. 인간은 도시로부터 소외돼 있습니다. 마치 재개발이 막힌 우리 구도심의 미래 같습니다. 그 영화에 등장하는 미래는 2019년입니다.

자꾸만 늙어가는 구도심을 어떻게 하면 좋을까? 그 오래된 아파트에 이제 누가 들어와 살까?

당신은 신도시에 살고 있습니까, 구도심에 살고 있습니까?

택지개발예정지구

대규모 택지개발을 위해 정부가 지정한 개발예정지구. 택지개발촉진법에 따라 이 지역에 포함된 주택은 보상을 받고 편입된다. 10만 제곱미터 이상이어야 한다.

집에 대한 규제가
넘쳐나는 이유

"빌딩 하나 갖고 월세나 받고 살아야지!"

월급쟁이들의 꿈입니다. 연예기획사 대표도, 고희를 넘긴 여배우도, 프리미어리그 축구선수도 결국은 빌딩 주인이 됩니다. 건물주님은 우리 꿈의 종점 같습니다.

왜 우리는 건물주가 되려 할까? 설명이 필요 없습니다. 건물이나 땅을 소유한다는 것이 우리 시장에서 매우 유리하기 때문입니다.

여의도 KBS 앞에 새로 생긴 미역국 전문점은 장사가 잘됩니다. 하지만 수익의 상당 부분은 월세 받는 건물주에게 돌아갈 겁니다. (이 글을 페이스북에 올리고 며칠 뒤 미역국집 사장님으로부터 메일이 왔습니다. 글을 잘 읽었다면서. 하지만 가장 힘든 건 월세가 아니라 인건비라고 했습니다.)

시장경제는 지난 수백 년 동안 이 '참 쉬운 이윤'에 주목해 왔습니다. 바로 지대rent의 문제입니다.

땅을 소유하면서 얻는 이윤을 흔히 '지대'라고 합니다. 이 지구에서 땅은 공기와 물과 함께 재생산이 안 되는 재화입니다. 운동화나 피아노나 캐러멜 프라프치노는 모두 재생산이 가능합니다. 그런데 유일하게 시장경제에서 땅만 소유가 인정됩니다. 주인이 정해져 있습니다. 그러니 소유하면 유리해집니다. 그래서 늘 가치가 올라갑니다. 여기서부터 고민이 시작됩니다.

"땅을 가진 시민들은 노력하지도 않고 절약하지도 않으며 위험을 감수하지도 않는데 잠을 자고 일어나면 더 부유해진다." 존 스튜어트 밀

땅만 주인이 있습니다. 한정된 재화인 땅을 소유하면 모든 것이 유리해집니다. 유고한 전쟁의 역사도 따져 보면 다 '땅따먹기'입니다. 그러니 다들 자신의 업종에서 성공하면 다음엔 건물주가 되려고 하는 것입니다. 직업의 소명의식이 약하고 지대 추구가 쉬운 사회일수록 더 그렇습니다. 최순실 씨의 미승빌딩도, 이명박 전 대통령의 영포빌딩도 사실은 그 흔한 지대 추구의 산실입니다. 그만큼 땅을 가진 사람이 유리한 세상입니다.

그래서 동서고금 모든 정부는 이 땅의 권리를 제한합니다. 시험에 잘 나오는 조광조의 균전제는 토지를 국유화해 농사짓는 농민들에게 나눠주려 한 시도입니다. 땅에 대한 혁명적인 규제입니다. 지금이라

면 공산주의자로 몰렸을 것입니다. 그는 개인의 지나친 토지 소유(한전제)도 막으려 했습니다.

유대인들은 7년에 한 번 돌아오는 안식년을 7번 보낸 49년(희년)이 되면, 농사짓는 땅을 소작농에게 돌려줘야 한다고 믿었습니다. 우리도 1989년 개헌 때 농사를 짓는 농민이 땅을 소유해야 한다는 '경자유전의 원칙'을 헌법에 넣었습니다.

땅의 소유에 대한 인식은 현대사회에 접어들어 정부의 과세제도로 진화합니다. 특히 정부는 땅에 자주 과세를 하고, 마구 과세를 합니다.

해마다 내는 재산세는 사실 돈 번 것도 없이 단지 소유만 했는데 내야 하는 세금입니다. '이익이 있는 데 과세가 있다'는 과세 원칙과 어긋납니다. 이처럼 땅에 대한 온갖 규제를 관통하는 한 가지 생각이 있습니다. '토지는 공공(公共)의 것이다.' 바로 토지공개념입니다.

우리 근현대사에 토지공개념을 가장 먼저 도입한 시기는 노태우 전 대통령 재임 때입니다. 88서울올림픽이 끝날 무렵, 서울의 아파트 값은 40퍼센트 넘게 폭등합니다. 정부는 민주화의 열망이 집에 대한 박탈감과 결합되는 것을 걱정했습니다. 그래서 택지소유상한제, 개발이익환수제, 토지초과이득세라는 이른바 '토지공개념 3종 세트'가 도입됩니다.

개인의 땅 소유를 최대 200평으로 묶었습니다. 심지어 아직 팔지도 않은 땅에 대해서도 이익을 환수했습니다. 지금도 부동산을 팔아 시세차익을 올리면 양도세를 물리죠. 그때는 아직 팔지도 않은 땅에 대해 해마다 토지초과이득세를 부과했습니다. 이른바 실현되지 않은 이익에 과세를 한 겁니다(진정한 좌파 정부였습니다). 물론 몇 년이 지나 땅값이 내려도 이미 거둔 토지초과이득세를 돌려주지는 않습니다.

이 중 토지초과이득세와 택지소유상한제는 지나친 재산권 침해라며 헌재의 위헌판결을 받고 역사 속으로 사라집니다.

그 이후에도 땅에 대한 규제는 계속됩니다. 노무현 정부는 집값을 잡기 위해 종합부동산세를 도입합니다. 재산세를 이미 냈는데, 아주 비싼 집이라고 12월에 재산세를 또 내는 제도입니다. 그야말로 이중과세입니다. (종부세 역시 이후 헌재의 위헌판결을 받고 크게 쪼그라들었습니다.)

논란이 된 재건축 개발이익환수제도 그렇습니다. 내가 열심히(?) 아파트를 보유해서 겨우 재건축해서 시세차익을 올렸는데, 그 차익의 최대 절반까지를 정부가 세금으로 거둬 갑니다. 집을 팔지도 않았는데 부과합니다. 개발이익환수제는 미루고 미루다, 강남 집값이 치솟자 결국 정부가 시행을 결심했습니다. 이 모든 시도들은 땅이 한정된 재화라서 이뤄지는 것입니다.

2018년 청와대가 마련한 개헌안에도 토지공개념이 포함됐습니다. 그러자 개인의 부동산 소유를 부정할 것이라는 보수진영의 우려가 고개를 들었습니다. 주택소유가 흔들려 공산화될 거라는 비판도 나왔습니다. 그런데 진짜 땅에 대한 지나친 규제는 시장경제의 자율신경계를 훼손할까?

① 독일은 세입자에 대한 집주인의 퇴거요구권 자체가 없다.

불법이 없다면 집주인이 한번 들어온 세입자를 평생 내보낼 수 없다. 월세 인상폭도 공공이 결정한다. 영국은 집을 소유한 사람이 또 집을 사면 집값의 16퍼센트를 취득세로 내야 한다.

② 프랑스는 2014년부터 세입자가 원하지 않으면 세입자를 추운 겨울에 내보낼 수 없다는 동계추방금지제도Trève hivernale를 시행하고 있다. 세입자가 고령자인 경우에는 나가서 살 집이 확보돼야 집주인이 임대차 갱신을 거부할 수 있다. 프랑스는 2007년 '대항력 있는 주거권'을 법제화했다. 원칙적으로 국민이 살 곳을 원하면 국가는 응해야 한다.

③ 미국은 주마다 1~2퍼센트가량 되는 재산세에, 로컬 정부의 재산세가 더해지고, 여기에 멜로루스 세금Mello-roos tax이 추가된다. 주변에 도로나 교량, 학교를 지을 경우 그 혜택을 집주인이 가져간다는 이유로, 많게는 집값의 1퍼센트까지 부과한다. 이 때문에 캘리포니아 시민들은 200만 달러(24억 정도) 주택을 소유하면 연간 5,000~6,000만 원가량 재산세를 낸다. 맨해튼 주택의 상당수rent-regulated apartments는 월세를 주민위원회에서 정한다. 모두 땅에 대한 배타적인 소유를 인정하지 않는 토지공개념이 묻어 있다.

(캘리포니아는 미국에서 23번째로 재산세율이 높습니다. 가장 재산세율이 높은 뉴저지는 2.28퍼센트로 하와이의 재산세율 0.28퍼센트보다 8배가 높습니다. 물론 여기에 로컬 정부가 부과하는 재산세와 특히 주변에 개발이

이뤄질 경우 부담하는 멜로루스 세금이 더해져 3퍼센트를 넘어가는 경우도 흔합니다.)

집값을 잡지 못하면서 정부의 규제도 점점 강력해집니다. 이제 고가주택을 구입할 경우 한 푼도 대출을 받지 못합니다. 또 갭투자를 막기 위해 A주택을 구입하면서 B주택에 전세 들어갈 경우에는 대출을 막아버렸습니다.

심지어 잠실과 강남 일부 지역의 주택거래허가제가 도입됐습니다. 집을 살 돈을 어떻게 마련했는지 입증하고, 집을 산 뒤에 2년간 실제들어가 살겠다는 약속을 해야 합니다. 그러지 않으면 구청이 주택매매를 허락하지 않습니다. 정부가 내가 집을 사고파는 것을 검열하는 것입니다. 그러자 보수신문에는 '사회주의로 가는 지옥문이 열렸다'라는 제목의 기사가 등장했습니다. 정말 시장경제는 막을 내리고, 지옥문이 열린 걸까?

사실 시장에서 사고팔지 못하는 게 의외로 많습니다. 인간의 장기는 사고팔 수 없습니다. 상장이 되면 대주주는 자기 주식조차 마음대로 팔지 못합니다. 반려동물의 매매를 금지하는 나라도 늘고 있습니다. 대학졸업장도, 의사자격증도, 심지어 헌혈증도 사고팔 수 없습니다. 인간도 사고팔 수 없습니다.

정부는 재건축아파트에 최소 2년 동안 실거주하지 않았다면 새로지은 아파트도 분양받을 수 없도록 했습니다. 그러자 "내가 사서 수십 년 소유한 재건축아파트를 왜 내가 분양받지 못하느냐"라는 원성이 터져 나왔습니다.

은마아파트의 10채 중 8채에는 집주인이 살지 않습니다. 대부분 투자용입니다. 사놓고 재건축을 기다립니다. 집이 아니고 '재건축 펀드'인 셈입니다. 다시 집이 되려면 집주인이 조금이라도 거주하는 게 좋습니다. 그래서 41년 된 아파트에 2년이라도 직접 들어가 살아달라는 뜻입니다. 만약 내년이라도 은마아파트가 조합 설립을 신청한다면 그때라도 들어가 살면 됩니다. (이미 재건축아파트를 매입한 뒤 하루도 실거주하지 않다가 새 아파트를 분양받은 다른 아파트 조합원과의 형평성은 어쩌란 말인가?)

그러니 지금 정부의 규제가 어리석다고 단정하는 이들도, 사실은 이 규제가 어떤 결말로 이어질지 계산하지 못합니다. 다만 그들 역시 규제에 둘러싸인 삶을 살고 있다는 것뿐.

정부는 이런저런 원칙을 만듭니다. 정부가 곧 규제입니다. 규제가 없다면 정부도 없습니다.

"그런 자유시장은 없다. 인간은 규제를 만들면서 안전해졌고, 덕분에 담대해졌다." 장하준, 『장하준의 경제학 강의』 중에서

그러니 어떤 기준을 정해놓고, 그 이상을 규제하니 사회주의라고 생각한다면 그것은 무지한 것입니다. 그런 주장을 하는 사람을 처벌하지 않기 위해 인류는 헌법과 수많은 법률을 만들어놨습니다. 그것 역시 규제입니다. 정치인들은 그것을 '법'이라고 하고, 아버지는 그것을 '규범'이라고 하고, 사회학자들은 '문명의 발전'이라고 합니다. 물

론 그게 진짜 시장에 최선인지 잘 알지도 못하면서 말입니다.

'지대 상승이 노동생산성을 초과하면 임금이 절대 오를 수 없다'(헨리 조지)거나 '자본을 통한 이익이 경제성장률을 넘어서면 노동수익이 줄어들 수밖에 없다'(토마스 피케티)는 복잡한 이론들을 굳이 꺼낼 필요도 없습니다.

우리 사회는 땅과 집을 가진 사람이 유리합니다. 선진국보다 더 유리합니다. 땅에서 나오는 막대한 지대는 공정한 경쟁을 훼손합니다. 2017년 12월 말 기준 우리나라 개인 토지 소유자는 전체 인구 중 32.6퍼센트이며, 상위 50만 명의 소유 비율은 53.9퍼센트입니다(「토지소유현황통계 2018」 국토교통부).

그 불균형을 고쳐나가야 할 시점입니다. 그래서 아이들 꿈조차 건물주인 나라를 벗어나야 합니다.

래미안대치팰리스와 서민 주거안정은 무슨 상관이 있을까.

청와대 민정수석이 1가구 1주택이 되면 서민 주거는 더 나아질까.

거꾸로 가는
정부의
부동산 정책

다주택자는 죄인일까?

2014년, 당시 최경환 경제부총리가 대출 규제를 풀었습니다. 부동산 시장을 살리기 위해서입니다. "한겨울에 한여름 옷을 입고 있는 것 같다"라고 했습니다. 정부는 재건축 초과이익환수를 유예하고, 재건축 조합원 주택 수를 늘렸습니다. 분양가 상한제는 무력화됐습니다. 시장은 빠르게 살아났습니다. 2년 후 정부가 불씨를 잡으려 할 때 이미 서울의 아파트 시장은 타오르기 시작한 후였습니다.

2017년 대선에서도 아파트는 화두였습니다. 그런데 새 정부는 보유세를 인상하지 않았습니다. 대선캠프는 "보유세 인상은 100대 과제에 없다"라고 못을 박았습니다. 새 정부가 출범해도 집값은 계속 올랐습니다. 정부는 '재정개혁특별위원회'라는 낯선 기구를 만들었습니다.

보유세 인상을 논의하던 재정개혁특별위는 2018년 보고서 한 장을 내놨고, 그 보고서는 조용히 정부 책상 서랍으로 들어갔습니다. (그 위원회는 대통령 직속 위원회의 산하 위원회였습니다. 매우 중요한 결정을 위원회도 아닌 위원회의 위원회가 한다면 정부는 왜 존재하는가?)

보유세가 오르지 않은 것은 아닙니다. 집값이 뛰면서 공시가격이 현실화되고, 이에 따라 가구별로 해마다 재산세가 수십, 수백만 원씩 오르고 있습니다. 그래도 보유세 실효세율은 여전히 0.3퍼센트도 되지 않습니다. 정부가 재산세를 올린 게 아니고, 급등한 아파트 가격이 재산세를 올리고 있습니다.

그런데도 집을 팔려는 가구는 거의 없습니다. 시세 10억 원이 안 되는 주택은 공시가격이 대부분 6억 원 미만입니다. 6억 원 미만 주택은 한 해 재산세 인상률이 10퍼센트를 넘으면 안 됩니다. 그러니 집값은 수억 원씩 올랐어도 재산세는 고작 10~20만원 오른 집도 상당수입니다.

우리나라의 보유세(재산세와 종부세)는 선진국보다 분명하게 낮습니다. 그런데 보유세가 전체 세수에서 차지하는 비중은 선진국만큼 높습니다. 집값이 비싸다 보니 세율이 낮아도 부동산 세수는 선진국 비중만큼 걷힙니다. 우리가 생산해 내는 부가가치GDP에서 부동산 자산 비율이 턱없이 높다는 의미입니다. 우리 국민의 돈이 부동산에 지나치게 많이 묶여 있는 겁니다.

반면 거래세(취등록세) 세율은 높습니다. 거의 미국 수준입니다. (미국은 주마다 양도세율이 다르지만, 일반적으로 2년 이상 실거주하고, 계속 소유한 주택은 부부 합산 최대 50만 달러, 개인 25만 달러까지는 양도

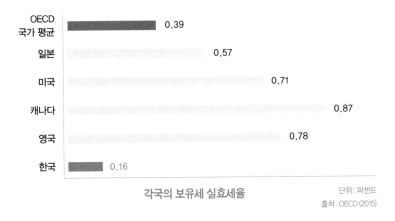

OECD 국가 평균	0.39
일본	0.57
미국	0.71
캐나다	0.87
영국	0.78
한국	0.16

각국의 보유세 실효세율

단위: 퍼센트
출처: OECD (2015)

차익에서 공제해 줍니다. 또 하나, 집을 팔고 더 비싼 집을 구입할 경우 양도세를 면제해 줍니다. 5억짜리 집을 팔고, 10억짜리 집을 샀다면 양도세를 내지 않습니다. 이후 10억짜리 집을 팔고 20억 원 주택을 사도 양도세를 내지 않습니다. 집을 팔아 돈이 남았어도, 새집에 추가로 돈이 들어갔으니 이를 양도차익으로 판단하지 않는 것입니다. 하지만 은퇴 후에 20억 집을 팔아 다시 5억 주택을 구입했다면 양도차익의 30퍼센트가량을 개인소득세로 내야 합니다.) 여기에 양도세를 포함할 경우 부동산을 거래할 때 들어가는 비용은 아주 높아집니다.

양도세는 소득세지만, 사실상 부동산을 거래할 때 내는 거래세처럼 느껴집니다. 집을 소유할 때는 부담이 적고, 집을 거래할 때는 부담이 높습니다. 그러니 누가 봐도 사고파는 것보다 그냥 보유하는 게 유리해졌습니다.

2019년 1년 새, 10억 원 가까이 급등한 래미안대치팰리스 84제곱미터는 360만 원에서 460만 원으로 재산세가 올랐습니다. 이제 과연 그 집주인은 30억 원을 훌쩍 넘긴 자신의 '대견한' 아파트를 팔까? 매물은 실종되고 강남 아파트의 공급은 급감했습니다.

'가진 것은 집 한 채인데, 은퇴 후 날아온 재산세 고지서에 비명!' '날아든 재산세 고지서에 충격에 빠진 마용성'. 일부 언론의 보유세 때리기는 계속되고, 정부는 결국 재산세 인상을 포기했습니다. 그러다 또 서울 집값이 들썩이자 분양가 상한제 카드를 빼들었습니다. 분양가 상한제는 가격 제한 카드입니다. 단기간 효과가 분명하지만 반(反)시장적인 정책입니다. 정책이 반시장적이면 부작용이 속출합니다.

이제 재건축 공급은 더 줄어들고, 여러 꼼수가 이어질 것입니다. (서울 청담동 영동대교 남단에는 층고 7미터에 100평이 넘는 아파트가 분양 중입니다. 모두 29채입니다. 30채가 넘지 않으면 분양가 상한제 적용을 받지 않습니다.) 60억 원이 넘는 한남 더힐은 과거 민간 분양가 상한제를 피하기 위해 임대아파트로 분양했습니다. 이런 정책은 '운'에 따라 혜택과 손해가 갈립니다. 불과 한 달 전 일반분양을 한 재건축 단지와 아직 분양을 시작하지 않은 재건축 단지의 수익이 크게 엇갈리게 됩니다.

그럼 지난달 분양한 단지는 선하고, 다음 달 분양하는 재건축 단지는 악한가? 분양가가 20~30퍼센트나 깎인 강남 아파트에 당첨된 주민의 수억 원 평가차익은 어떻게 설명할까? 이 정책은 공정한가?

정부 정책의 첫 단추는 다주택자를 인정하지 않는 것입니다. 청와대 고위 관료부터 여분의 집을 팔 것을 강력하게 요구했습니다. 우리 주택시장에서 다주택자는 '악'이라는 인식이 있습니다. 선진국도 그럴까?

유럽은 물론 일본에도 수천, 수만 채의 집을 가진 집주인이 있습니다. 집은 운동화나 승용차와 다릅니다. 운동화가 20켤레 있으면 모두 내가 점유하지만, 집은 10채가 있다면 보통 9채는 임대를 줍니다. 결국 다주택자는 주택공급자입니다. 이들은 막대한 임대소득을 가져가지만, 해마다 이에 준하는 재산세와 임대소득세를 부담합니다. 그래서 임차인들은 이들을 주택투기꾼으로 인식하지 않고, 주택을 공급해 주는 공급자로 생각합니다.

우리나라에서는 다주택자의 부담이 여전히 낮습니다. 임대소득에 대한 과세도 불투명합니다. 집값이 오르면 막대한 시세차익을 가져갑니다. 그래서 주택공급자보다는 투기꾼이라는 인식이 강합니다. 결국 정부 초기에 보유세와 임대소득세를 점진적으로 올린다는 분명한 신호가 필요했습니다. 하지만 정부는 이를 피해갔습니다. 땜질식 처방만 이어졌습니다. 투기수요가 임계점을 넘어가자, 정부 정책은 이제 불신의 벽을 넘기 어려워졌습니다.

어느 나라든 부자 동네가 있습니다. 맨해튼이나 캐너리워프의 수천만 달러 주택에는 그만큼의 소득을 가진 부자가 삽니다. 1년에 수천만 원, 수억 원의 보유세를 감당합니다. 그걸 당연하게 생각합니다. 우리는 보유세 부담이 여전히 낮습니다. 그래서 빚을 내서라도 수십억 주택시장에 뛰어듭니다. 그러니 40억 집에 살아도 1,000만 원 정도의 보유세가 부담이 됩니다. 정부를 향해 "우리가 무슨 죄인이냐?"라고 항변합니다.

2005년 노무현 정부는 2017년까지 부동산 실효세율을 1퍼센트까지 점진적으로 올리겠다고 밝혔습니다. 로드맵을 만들었지만 집값이 속절없이 떨어지자 이명박 정부는 보유세 부담을 완화했습니다. 보유세 정책은 미로에 빠졌습니다. 보유세 로드맵이 작동했다면, 소득에 비해 비싼 집을 가진 집주인은 서서히 집을 팔 계획을 세웠을 것입니다. 그럼 매물이 늘어납니다. 하지만 그렇게 하지 못했습니다.

이제 어떤 정책도 집을 사지 못한 시민들의 욕망과 비싼 집을 소유하고도 비싼 세금을 내기 싫어하는 집주인들의 원성을 이기기는 힘들어 보입니다.

진보정부라면 햇빛이 들지 않는 고시원에 사는 국민을 정책 순위의 가장 윗 단에 올렸어야 했습니다. 도시 청년들의 주거를, 은퇴한 서민들의 주거를 먼저 개선해야 합니다. 그런데 정부는 강남 다주택자를 제일 먼저 겨냥했습니다. 모든 선진국에 다주택자가 존재합니다. 그들은 점점 더 두터워지고, 더 거대해집니다. 다주택자는 사라질 존재가 아니고, 높은 보유세를 부담할 존재입니다.

대중이 집값에 흥분해 있을 때 정부는 무엇을 먼저 해야 할까? 가격을 낮추는 게 쉬울까, 안전한 주거 시스템을 정비하는 게 더 쉬울까? 서민들에게 삼성동아파트 가격이 중요할까, 공덕동에 들어설 국민임대아파트가 더 중요할까? 그리고 정부는 진짜 시장의 가격을 조정할 수 있을까? 그것은 항상 때가 되면 다시 제값을 찾아가는데….

오늘도 정부는 아파트 가격을 낮추기 위해 안간힘을 쓰고, 시장을 이를 비껴갑니다. 그리고 청와대 간부들 사이에서 불거진 다주택 논란 보도는 오늘도 계속됩니다.

정부의 임대주택 뻥튀기

형편이 어려운 서민들이 마음 놓고 들어갈 수 있는 임대주택은 얼마나 있으면 좋을까?

영국과 프랑스 등 선진국의 장기 공공임대주택 재고율은 10~20퍼센트 정도입니다. 100가구가 있다면 그중 최소 10~20가구는 나라나 지역사회가 제공하는 주택에서 사는 셈입니다. 국가가 경쟁에서 밀린 국민들에게 최소한의 주거를 책임져 주는 겁니다. 덴마크나 네덜란드 같은 나라는 30퍼센트에 육박합니다. (17년 전 유럽의 장기임대주택을 취재할 때를 떠올려보면, 스톡홀름의 작고 예쁜 임대주택은 늘 장례를 치르고 새 입주자가 들어갔습니다. 임차인이 한번 들어가면 나오질 않으니까. 암스테르담선 프리미어리그를 뛰는 선수가 사는 임대아파트를 취재한 적이 있습니다. 그는 여러 나라를 돌아다니는데 왜 집을 사야 하느냐고 반문했습니다. 유럽 임대주택에는 집을 예쁘게 꾸미고 사는 임차인이 많습니다. 한번 들어가면 자신이 원할 때까지 살기 때문입니다. 물론 이런 것을 사회주의라고 비판하는 사람들도 없습니다.) 우리의 공공임대주택 재고율은 4.3퍼센트입니다.

그래서 최소한의 주거안정은 장기 임대주택에서 출발합니다. 선진국도 도심이나 역세권 임대주택은 입주 경쟁이 치열합니다. 10년, 20년 기다리는 경우도 많습니다. 그러다 앞선 세입자가 세상을 떠난 뒤 입주하는 경우도 많습니다. 우리는 김대중 정부 때 임대주택 100만 호 건설을 천명하고, 해마다 10만 가구 이상 임대주택을 짓고 있습니다. 그런데 가짜가 많습니다.

임대주택에는 여러 가지 형태가 있습니다. 가장 서민 주거안정에 부합하는 임대아파트는 영구임대아파트입니다. 아주 가난하거나 장애인이거나, 한부모가정, 국가유공자가 주로 입주합니다. 입주자의 절반 정도가 기초수급자입니다. (주로 가난하고 장애가 있는 분들이 입주하다 보니, 주변에 꼭 사회복지관이 있습니다.) 월 10만 원 남짓하는 관리비 수준의 임대비용만 내고 최대 50년간 살 수 있습니다. 사실상 평생 거주가 가능합니다.

국민임대아파트도 있습니다. 우리나라를 대표하는 장기 공공임대주택입니다. 면적은 전용 60제곱미터 이하, 그러니까 18평 정도 이하인데, 평균 소득의 70퍼센트 이하면 입주가 가능합니다. 월세는 대략 35만 원 정도입니다. 당연히 서울 도심이나 목이 좋은 곳은 입주를 아주 오래 기다려야 합니다. 진짜 임대아파트는 영구임대아파트와

이 국민임대아파트 정도입니다. 나머지는 무늬만 임대아파트가 많습니다. 종류도 다양합니다. 여기서부터 헷갈립니다.

이명박 정부는 보금자리 주택을 만들었습니다. 도심 주택공급을 늘리기 위해 그린벨트를 풀었습니다. 녹지가 훼손된다는 지적에는 이미 훼손된 '비닐벨트'라고 해명했습니다. 문제는 절반만 장기임대주택이고 나머지는 일반에 분양했다는 점입니다. 나라가 그린벨트를 풀어 시세보다 크게 저렴한 아파트를 건설해 판 것입니다. (대중교통의 문제를 해결하기 위해 지하철이나 버스를 확충하지 않고, 아반떼와 그랜저를 30퍼센트 할인한 값에 판 것과 다름없습니다.)

2009년부터 강남구 자곡동, 세곡동, 수서동과 서초구 우면동, 내곡동, 원지동 일대 그린벨트에 1차로 보금자리 주택 2만 가구가 분양됐다. 분양가는 4억3,000만 원 정도. 입주 후 6년간의 전매제한이 풀리자 집값은 8억 원을 넘어 두 배로 뛰었다. 그야말로 로또 분양이 됐다. 그저 운으로 당첨된 집주인들은 공공이 그린벨트를 포기하면서 발생한 사회적 이윤을 독점했다. 입지가 탁월한 이 아파트들은 2020년에 15억 원을 육박한다. 모두 매매주택이지만 이명박 정부 때 공공임대주택 사업의 일환으로 추진됐다.

정부가 분양 아파트를 싸게 공급하자 국민들은 이 청약만 기다렸고, 이는 (제값 받는) 건설사들의 대량 미분양으로 이어졌습니다. 시장 전도사 대통령이 만든 최악의 반시장 정책이 됐습니다. 정부가 '보금자리 주택'이라는 브랜드에 집착하면서 국민임대아파트 공급은 크게 줄었습니다. 영구임대아파트는 아예 공급하지 않았습니다.

박근혜 정부는 또 새로운 브랜드를 내놨습니다. 바로 행복주택입니다. 도심 짜투리 땅을 꼼꼼하게 찾아내 임대주택으로 공급합니다. 서민들이 원하는 도심 한가운데의 주택수요를 충족하고, 신혼부부에게도 저렴하게 공급합니다. 문제는 땅이 부족하다는 것이었습니다. 그나마 용산과 서초, 목동 등에 계획했던 행복주택의 상당수가 주민 반대로 축소되거나 백지화됐습니다.

장기 임대주택을 공급하려면 막대한 재정이 투입됩니다. 그런데 임대주택을 공급하고 관리하는 한국토지주택공사ᴸᴴ의 부채가 100조 원을 넘었습니다. 당연히 질 좋은 임대주택 공급은 크게 축소됐습니다. 이때부터 '공공임대'라는 말 대신 '공적임대'라는 이상한 용어가 등장합니다. 차마 공공임대라는 말을 쓰기는 부끄러웠던 걸까?

뉴 스테이ᴺᴱᵂ ˢᵀᴬʸ가 등장한 것도 이때입니다. LH가 아닌 민간이 돈을 투자하고 임대수익을 가져갑니다. 연 5퍼센트 이상 임대료를 올릴 수 없고, 한번 들어가면 최대 8년간 거주할 수 있습니다. 소득 상관없이 누구나 입주 가능합니다. 대신 투자한 민간기업에는 취득세나 재산세 등 각종 혜택을 줍니다. 관리는 LH가 만든 민간업체가 해줍니다.

그런데 투자자들의 수익성을 맞춰 주다 보니 월세가 만만치 않습니다. 서울의 원룸형 뉴 스테이의 월세가 50~60만 원을 넘어갑니다. 이게 무슨 서민형 공공임대주택인가? 하지만 모두 임대주택 통계에 들어갑니다. 이쯤 되면 도대체 어디까지가 장기 공공임대주택인지 모호해집니다.

분양전환 임대아파트는 진짜 많습니다. 민간건설사(주로 부영)가 건설합니다. 5년~10년 살고 나면 그 집을 분양받을 우선권을 줍니다. 분양받지 않으면 당연히 나가야 합니다. 그런데 5년 임대는 건설원가에 맞추지만, 10년 장기임대는 분양가를 주변 시세의 90퍼센트 선에 맞춥니다. 분양전환가가 쉽게 수 억 원을 넘어갑니다.

판교의 임대아파트는 10년 뒤 분양전환가가 8억 원을 육박합니다. 8억 원이 있는 사람이라면 임대아파트가 왜 필요할까? 하지만 건설사는 분양대금으로 건축비를 회수하고, 정부는 재정 투입 없이 임대아파트 공급 통계를 높일 수 있습니다. 이런 식으로 무늬만 임대아파트가 난립합니다.

문재인 정부도 마찬가지입니다. 이명박 정부에서도 해마다 3~4만 가구씩 짓던 국민임대아파트를 연 1만 가구 수준으로 줄였습니다. 자세히 들여다보면 분양전환 임대아파트가 훨씬 더 많습니다. 문재인 정부가 만든 임대아파트 브랜드인 '신혼희망타운'도 분양주택입니다. 위례 신혼희망타운의 경우 전용 55제곱미터 형의 분양가가 4억 6,000만 원이었습니다. 정말 서민을 위한 주거복지인가?

정권마다 '연 10만 호 임대주택 공급'이라는 슬로건을 걸었지만, 사실은 절반 이상이 무늬만 임대아파트입니다.

임대아파트는 대량 공급이 쉽지 않습니다. 건설과 유지보수에 막대한 재정이 들어갑니다. 임대아파트를 지을 도심의 땅은 턱없이 부족합니다. 서울에서 너무 먼 데 지은 국민임대아파트는 공실도 있습니다. 하지만 LH가 건설한 임대아파트는 사실 정부와 국민의 자산으로 남습니다. 30년 후엔 얼마든지 땅과 건물에서 건축비를 회수하고도 남습니다.

사실 공공임대아파트는 남는 장사입니다. 목 좋은 땅에 지구지정을 하고 원주민에게 적당한 가격만 보상해 준 뒤, 택지를 조성하고 아파트를 지어 30년 지나 되팔면 당연히 남는 장사가 될 수밖에 없습니다.

결코 예산 퍼주기 사업이 아닙니다. 하지만 정부가 임대아파트를 많이 건설하면 해당 정부의 임기 중 공공부채가 늘어납니다. 먼 훗날 임대아파트라는 자산을 팔아 재정에 보탬이 될 때는 다른 대통령이 임기 중일 때 부채를 줄여 줄 것입니다. 청와대는 물론, 균형재정을 신주단지처럼 모시는 기재부 관료들이 막대한 예산이 들어가는 임대아파트에 수동적인 것은 우연이 아닐지 모릅니다. 덕분에 무늬만 임대아파트가 계속 늘어납니다. 서민 주거는 좀처럼 개선되지 않습니다.

정부는 강남을 중심으로 한 다주택자를 줄이는 데서 부동산 대책의 첫 단추를 꿰었습니다. 시장을 선도하는(?) 고가주택의 투기를 잡는 것은 중요합니다. 하지만 대치 선경아파트가 20억이든, 30억이든 오갈 데 없는 서민들의 삶은 크게 바뀌지 않습니다. 이태원 이건희 회장의 집이 300억 원에서 400억 원으로 올라도 국민들의 삶에는 큰 영향이 없습니다.

복지가 부족한 나라에서 국민은 뭐든 스스로 구입해야 합니다. 자신의 안전도, 의료도, 교육도, 육아도, 여가도 그리고 주택도 그렇습니다. 지난 정부 우리 국민들은 유행처럼 빚내서 집을 샀습니다. 가계부채가 수백 조 원 늘었습니다. 만약 선진국처럼 정부가 재정으로 주택을 공급한다면 가계부채 중 상당 부분은 정부로 이전됐을 겁니다. 결국 집을 사면서 생긴 우리 국민들의 빚은 일정 부분 정부 장부에 새겨질 것이었습니다. (그 부채를 회계장부의 좌변에 적을 것이냐 우변에 적을 것이냐의 문제입니다.)

정부가 최소 주거여건도 못 갖춘 수많은 도시 서민들의 주거를 먼저 생각했으면 어땠을까. 복지 중에 최고 복지는 주거복지입니다. 내 가족이 편안하게 살 수 있는 집만 있다면 수많은 근심이 사라집니다. 살기 좋은 임대아파트가 늘면, 결혼이나 출산을 결심하는 청년도 늘어날 것입니다. 하지만 이런 선순환은 결코 정부 통계에 잡히지 않습니다. 그러니 주거복지는 선순위에서 밀립니다. 또 짝퉁 임대아파트만 잔뜩 늘어납니다.

지금도 5만5,000여 가구가 국민임대아파트에 입주할 날을 하염없이 기다리고 있습니다.

우리도 싱가포르처럼
주택을 공급하면 안 될까?

지나가다 누군가의 와이파이를 허락받지 않고 이용하면 처벌받는 나라, 싱가포르는 특이한 게 참 많습니다. 자기 집을 가진 국민이 92퍼센트나 됩니다(싱가포르 통계청, 2018). 단연 세계 최고 수준입니다. 이들 주택의 82퍼센트가 싱가포르 주택청HDB에서 지은 것입니다. 집을 소유하지 않고 공공주택에 주로 거주하는 유럽과는 전혀 다릅니다.

공공주택에 거주하는 우리 국민은 불과 7퍼센트 정도입니다. 그러니 싱가포르 국민은 나라가 공급하는 공공주택public housing을 소유하며 거주하는 겁니다. 매우 독특합니다. 민간건설사에는 참으로 고약한 나라입니다.

주택은 방 2개~5개까지 다양한 크기로 공급합니다. 보통 국민주택 규모는 90제곱미터입니다. 우리의 32평과 비슷합니다. 심지어 집값의 60~70퍼센트를 중앙주택기금^{CPF}에서 저리로 대출해 줍니다. 사실은 대출이라기보다 우리 국민연금처럼 가입한 뒤, 목돈이 모이면 빼서 쓰는 개념입니다. 집값의 최대 120퍼센트까지 빌릴 수 있는데, 최장 25년 동안 갚습니다.

이 주택은 99년간만 소유할 수 있습니다. 하지만 5년만 거주하면 이후 얼마든지 거래가 가능합니다. 상업적인 분양시장도 거의 없고, 우리 재건축시장처럼 투기적으로 집값을 올리는 세력도 없습니다.

집값도 비교적 안정돼 있습니다. (2008년 글로벌 금융위기 때 싱가포르도 집값이 반 토막 났습니다. 이 때문에 대출을 해준 CPF 재정도 위기를 맞았지만 이후 집값은 빠르게 정상화됐습니다. 한번 혼쭐이 난 이후 부채상환비율^{DSR} 지표를 면밀히 검토 중입니다. 물론 싱가포르에서 1가구 1주택 정책에 대해 비판이 없는 것은 아닙니다. 실제 자가점유율은 더 이상 오르지 않고 있습니다.) 이미 30여 년 전에 주택보급률이 100퍼센트를 넘어서 주택공급과 수요가 적정하게 유지됩니다.

눈에 띄는 것은 정부의 분양 가격입니다. 건축비만 받습니다. 민간 분양가의 55퍼센트 수준입니다. 당연히 거품이 없습니다. 일부 고소득층에게는 공공주택의 혜택을 주지 않습니다. 고급형 주택이라고 해도 월 소득이 1만2,000싱가포르달러, 우리 돈 1,000만 원을 넘어서는 안 됩니다. 분양가는 싱가포르 국민 연 소득의 5배 정도입니다(PIR = 5). 우리나라는 서울의 경우 PIR이 20을 육박합니다. 참고로 싱가포르는 일본보다 1인당 국민소득이 훨씬 높은 나라입니다.

우리는 이렇게 할 수 없을까? 어렵습니다. 싱가포르 정부는 1960년

대부터 공공택지를 사들였습니다. 이 재원 마련을 위해 모든 국민은 CPF에 매월 급여의 20퍼센트를 납부합니다. 여기에 사업자는 12퍼센트를 더 납부합니다. 50세까지 무려 급여의 32퍼센트를 내 집 마련을 위해 내는 것입니다. 내 집 걱정이 없는 싱가포르 주택정책은 그만큼 '미리 부담하겠다'는 국민적 합의가 있어서 가능한 것입니다. 우리는 눈에 보이지 않는 미래에 대한 사회적 기금을 불신합니다. 국민연금마저 '난파선'이라고 내지 않으려 합니다.

하나 더해, 싱가포르 공공주택은 국부 리콴유(1923~2015)의 지속적인 정책 지원이 없었다면 불가능했을 것입니다. 50년간 특정 지도자의 장기집권이 없었다면 가능했을까?

우리는 특히 내 소유가 아닌 주택을 소유하려 하지 않습니다. 토지임대부 아파트나 공유형 모기지 등 비슷한 수많은 정책이 그래서 실패했습니다. 우리 국민은 자신의 이름으로 분명하게 주택등기가 돼 있는 나만의 집을 원합니다.

무엇보다 대출 규제를 풀면서 부동산 시장이 불안해진 우리로서는 공적기금에 가입하면서 집값의 20퍼센트를 우선 빌릴 수 있는 선진형 주택기금은 그야말로 그림의 떡입니다. 다만 몇 가지 참고할 부분이 있습니다.

싱가포르 주택정책의 출발점은 토지공개념입니다. 땅에서 나오는 이윤을 특정 국민이 독점하지 않겠다는 사회적 합의가 있는 것입니다. 누군가 지대를 독점하지 않는 다민족 국가 싱가포르에서 주택은 오히려 사회통합에 기여합니다. 반대로 땅을 통해 막대한 이익을 얻는 계층이나 수익구조가 있다면 강력하게 환수했습니다. 부동산 투기를 엄벌했던 리콴유는 독립해서 혼자 사는 성인 자녀가 아파트 구입자금 출처를 소명하지 못해도 세무조사를 벌였습니다.

싱가포르처럼 내가 소유하는 영구임대주택을 모두에게 공급할 수 없다면, 나머지 정책과 예산은 무주택자에게 우선 투입해야 합니다. 스웨덴은 30년 넘게 정부가 서민과 근로자의 공공주택 공급을 위해 토지를 비축해 왔습니다. 부동산 정책 방향도 다주택자에 대한 과세보다는 서민의 주거안정으로 방점이 옮겨가야 합니다.

또 하나, 상당수 싱가포르의 도심 재생을 싱가포르 주택청에서 주도합니다. 더피너클앳덕스톤The Pinnacle@Duxton이라는 초고층 주상복합 아파트도 싱가포르 주택청이 시행한 공공임대아파트입니다.

우리도 반포 자이나 반포 래미안퍼스티지를 LH나 SH가 재건축했으면 어땠을까? 더 촌스런 디자인으로 망가졌을까? 시공사나 조합의 이기주의가 빠진 분양가는 얼마가 됐을까?

PIR

어떤 지역이나 국가에서 평균 수준의 주택을 구입하는 데 걸리는 시간을 연평균소득을 반영해 나타낸다. 이는 주택 구매 능력을 나타내는 지표로 쓰인다. PIR이 10이라면 10년 동안 소득을 한푼도 쓰지 않고 모아야 평균 수준의 주택을 구입할 수 있다는 뜻이다.

수능시험보다 어려운 정부의 부동산 대책 브리핑

그렇게 어려운 대책이 아니었습니다. 그냥 이렇게 설명하면 됩니다.

> "투기 목적으로 집을 몇 채씩 사들인 집주인들은 이제 종부세
> 를 더 많이 내게 됩니다."
> "물론 종부세 안 내는 99퍼센트의 국민들은 이번 대책으로 어
> 떤 영향도 받지 않습니다."
> "앞으로는 비싼 아파트 매입하면서 실제 거주하지 않으면 은
> 행에서 담보대출 못 받습니다."

그런데 장관은 그렇게 하지 않습니다. 온갖 복잡한 부동산과 세무
용어들이 등장합니다. 국민들 귀에는 간첩의 암구호를 낭독하는 것

같습니다. 2020년 7월 발표한 '주택시장 안정대책 정부부처 합동 브리핑'은 국민들 입장에선 어려운 수능시험 같았습니다. 뭔가 강력한 대책이 나왔다는데, 뭐가 강력한지 도무지 알 수 없습니다.

> "3~6억 원 과표 구간을 신설하고, 조정대상지역 2주택자의……."
>
> "투기과열지구 내 DTI는 고가주택 기준 이하 주택 구입시 1가구 1주택자의 경우……."
>
> "종부세의 공정시장가액비율을 해마다 추가 5퍼센트포인트씩 상향하고……."

브리핑이 시작되고 속보 경쟁이 이어졌습니다. 내용이 어렵다 보니, 단편적이고 파편화된 기사나 분석이 쏟아졌습니다. 기자가 헷갈리면 국민들이 헷갈립니다. 결국 오보가 등장했습니다.

종부세는 소득세나 재산세처럼 구간별 과세를 합니다. 이번 대책으로 구간을 더 나누고 세율을 조금 더 올렸습니다. 그런데 보도자료에 큼지막하게 '종부세 3~6억 과표 구간 신설'이라는 부분이 강조됐습니다. 이 구간의 종부세율이 0.5퍼센트에서 0.7퍼센트로 인상됐습니다. 일부 언론이 보도자료를 그대로 받아썼습니다. 그러자 대중들은 3~6억 원 주택에 대해서도 종부세를 내는 것으로 이해했습니다. 곧바로 여론이 출렁거렸습니다. "아니, 우리 집은 5억밖에 안 되는데 종부세를 내라는 거냐, 이 ×××야!"

당일 청와대 홍보수석까지 나서서 기사를 바로잡았지만, 이미 일부 국민은 그렇게 받아들인 뒤였습니다.

이날 보도자료에는 종부세율이 최대 3.2퍼센트까지 인상된다는 내용도 담겨 있습니다. 다수 언론이 '종부세 최대 3.2퍼센트 인상'이라는 제목을 달았습니다. 그러자 10억짜리 아파트 종부세만 320만 원이라는 댓글이 달렸습니다. 하지만 3.2퍼센트의 종부세율이 적용되려면 과표가 94억 원을 초과해야 합니다. 과표가 94억인 주택은 시세가 150억 원이 넘습니다. 대체 우리 주변의 누가 그런 집에 사는가?

보통 20억 정도 되는 고가주택은 0.7퍼센트나 1.0퍼센트의 세율이 적용됩니다. 시세 100억 원 아파트라도 2퍼센트 세율이 적용됩니다. 그런데 거의 모든 신문이 '종부세율 최대 3.2퍼센트 인상'이라는 헤드라인을 달았습니다. 일반 국민들과는 전혀 상관도 없는 대책을 과시적으로 표현하고, 언론은 이를 그대로 받아 적습니다. 국민들은 이를 여과 없이 받아들입니다. 강조할 부분도 아닌데 강조하고, 정작 강조할 부분을 강조하지 못합니다.

이는 결국 국민들의 오해로 이어집니다. 우리 국민이 종부세 등 보유세를 과도하게 인식하는 데는 정부의 이런 과시적이고 모호한 정책발표 관행도 한몫을 합니다.

그리고 이 오해는 '집 한 채 있는 게 무슨 죄냐?' '이 정부는 오직 세금 걷는 데만 혈안이 돼 있다'라는 논리로 이어집니다. 이제 정부는 정책 에너지의 상당 부분을 해명하고 설득하는 데 투입합니다. 이 과정에서 원래 정책의 취지는 그만큼 퇴색합니다.

이미 오해가 시작된 정책은 빠르게 힘이 떨어집니다. 그리고 복잡한 암구호 같은 정책을 국민들이 잘 이해하지 못하는 사이, 꼭 현실을 왜곡하는 비틀린 기사가 비집고 들어옵니다. 정책을 잘 이해하지 못하는 국민들을 겨냥합니다.

이날 인터넷 부동산 카페에도 '7억 주택에 700만 원 세금이라니' '이건 부동산 대책이 아니라 세금 뜯기 대책이다' '소득은 줄었는데 세금만 늘어나는 것 아니냐' 등의 글이 잇따라 올라왔다. A 경제신문 기사 중 일부

대책은 전국의 1퍼센트에 대한 이야기인데, 종부세를 내지 않는 다수 국민이 분노하게 됩니다. 다음은 위 기사에 등장하는 사례입니다.

송파구 잠실동 리센츠 전용 84제곱미터 아파트에 사는 '1가구 1주택자' 이 모(40)씨는 "투기꾼도 아닌데 왜 이렇게 많은 세금을 내야 하는지 납득이 안 간다"라며 분통을 터트렸다. A 경제신문 기사 중 일부

사실과 다릅니다. 당시 리센츠 84제곱미터 아파트의 실거래가는 13~16억 원 정도였습니다. 그러니 공시가격은 9~11억 원을 넘지 않습니다. 당시 시세 20억 원이 훌쩍 넘는 리센츠 48평형도 공시가격이 12억 원 남짓이었습니다. 부부가 반씩 공동 소유하는 경우가 많고, 이 경우 전혀 종부세 대상이 되지 않습니다. 한 명이 소유했다고 해도 당시 대책으로 보유세가 크게 늘어나지도 않습니다. 그러니 분통을 터

트릴 일도 아닙니다. 그런데도 분통을 터트리게 만듭니다.

당시 대책으로 시세 18억 원 주택의 종부세는 94만 원에서 104만 원으로 10만 원 정도 올라갑니다. 이런 곡해와 오해의 이면에는 잘못된 정책 설명도 한몫합니다.

정책을 이해시키는 것은 정부의 몫입니다. 잘못 이해한 국민의 잘못이 아닙니다. 그러니 새 대책을 발표할 때 국민 눈높이에서 좀 쉽게 하면 좋겠습니다. 중요한 대책일수록 더 그렇습니다. 그래야 기자들도 더 쉽게 전할 수 있습니다. 그것이 정책 효과를 높이는 지름길입니다.

어려운 정책이라도 기자들이 먼저 이해해야지, 왜 정부가 그것을 쉽게 설명해야 하냐고 말한다면, 대기업들이 내는 보도자료를 보내드리고 싶습니다. 하나라도 더 쉽게 설명하기 위한 '노오력의 자세'를 배워야 할 시간입니다.

진보정부의
경제정책 우클릭

흔히 이명박 전 대통령이 법인세율을 내렸다고 합니다. 그런데 김대중 전 대통령도, 노무현 전 대통령도 법인세를 낮췄습니다. 그때는 그것이 정답인 줄 알았습니다.

정권이 바뀔 때마다 경제정책을 유심히 지켜봅니다. 진보는 진보의, 보수는 보수의 깃발을 듭니다. 거기까지입니다. 시장은 잘 변하지 않습니다. 구호만 요란합니다. 현실은 공허합니다.

Q 다음 중 단일복지 정책으로 가장 재정이 많이 투입되는 기초연금을 도입한 대통령은?

① 노무현 ② 이명박 ③ 박근혜 ④ 문재인

답은 박근혜 전 대통령입니다. 덕분에 해마다 10조 원이 넘는 재정이 투입됩니다. 정말 노인 복지의 근간(?)을 만들었습니다. 그런데 보수는 오늘도 지나친 복지로 나라가 곧 망할 것 같다고 외칩니다.

Q 다음 중 22조 원이 투입된 4대강 사업으로 재정지출을 획기적으로 늘린 대통령은?

① 노무현 ② 이명박 ③ 박근혜 ④ 문재인

물론 이명박 전 대통령입니다. 글로벌 위기를 극복하는 시기였지만, 재정을 보란듯이 확대했습니다. 위기가 오자 케인스의 충고를 고스란히 따랐습니다. 그리고 이어진 박근혜 정부는 단군 이래 최대의 재정적자를 시연했습니다(단 4년만 집권했는데 말입니다). 정책만 보면 누가 봐도 진보진영입니다. (보통 정부의 재정적자가 커지면 국민의 가계부는 그만큼 흑자가 나야 합니다. 예를 들어 정부가 재정을 확대해 임대주택을 많이 보급하면 국민의 주택대출은 줄어야 합니다. 정부가 공공와이파이를 많이 확대하면 국민의 통신비는 줄어야 합니다. 그런데 박근혜 정부 때는 역대 최대 재정적자와 함께 가계부채도 1,500조까지 급증했습니다.) 급기야 이명박 정부 말기에는 소득세율을 인상했습니다.

이명박 정부 시절 보수 경제정책 중 생각나는 게 있나요? 규제완화? 전봇대 하나 뽑고 끝났습니다.

박근혜 정부는? 거대한 정부를 시연했습니다. 4년간 늘어난 재정적자 170조는 참여정부의 10배가 넘습니다.

박근혜 전 대통령은 자주 "시장은 언제나 옳다"라고 말했습니다. 어쩌면 이 말을 "시장에 참여하는 사람은 언제나 옳다"라고 착각했던 것 같습니다.

우측 깜빡이 켜고 좌회전, 우측 깜빡이 켜고 좌회전…. 문재인 정부도 크게 다르지 않습니다. 집권 초기 2년 동안 초과세수가 40조 원을 넘습니다. 진보정부라면서 거둔 세금조차 다 못 씁니다. 희한한 일입니다. 김현아 의원도 찬성하는 보유세 인상은 슬그머니 서랍 속으로 들어갔습니다.

이웃 나라 아베 총리처럼 극보수정권도 정책 기조는 오직 재정확대뿐입니다. 일본은 70개월 이상 경기가 확장되고 있습니다. 그래도 계속 재정적자를 늘리고 있습니다. 이쯤 되면 케인스도 울고 갈 수준입니다. (그가 쏜 세 개의 화살 중 두 번째가 재정입니다.)

등소평이 외치던 자유무역을 트럼프가 반대하는 시대입니다. 무릇 보호주의의 꽃이 백악관에서 만개했습니다. 따져 보면 FTA를 찬성해 줬던 노무현 전 대통령에게 이 얼마나 기막힌 일인가? (노무현 전 대통령이 미국 땅을 처음 밟은 것은 취임 이후 첫 방미 때였습니다. 미국 방문 후 돌아오는 1호기 안에서 그는 비행기 바닥에 기자들과 앉아 "내가 그동안 미국을 잘못 생각했다"라고 털어놓았습니다. 그는 한미FTA와 이라크 파병을 주도했습니다.) 그리고 보니 FTA를 밀어붙였던 것도 그였습니다. 농민은 분신했고, 그는 그렇게 진보원리주의자로부터 버림받았습니다.

민주당원이었던 오바마는 금융위기가 터지고, 거대한 공적자금을 투자해 거대기업을 살린 뒤 다시 민간에 되팔았습니다. (민간기업이

100원을 내면 정부가 500원을 내는 방식이었습니다.) 기업들은 다시 살아났고, 거대한 부는 민간으로 이전됐습니다. 국민들의 연금은 쪼그라들었습니다.

그 금융위기를 불러온 글로벌 금융위기는 은행이 고객 돈으로 투자를 못하도록 막아둔 글래스-스티걸 법을 완화하면서 태동했습니다. 공화당의 오랜 바람이었지만, 역시 풀어준 사람은 민주당원 클린턴이었습니다.

그러니 어느 대통령이 진보니까 진보정책이 도입될 거라는 큰 기대는 접어야 할 것 같습니다. 따져 보면 슈뢰더도 블레어도 모두 진보진영 사람들입니다. 문재인 정부에서 최저임금 인상은 다시 멈춰 섰고, 52시간 근로제도 후퇴에 후퇴를 거듭합니다. 그나마 코로나19 위기로 확대된 재정도 우리와 비슷한 경제 수준의 국가들과 비교하면 턱없이 빈약합니다.

> **"이 사회의 기득권들은 이 모든 비용(시간당 최저임금 15달러, 대학 등록금 무상화, 여성들의 임금평등을 위한 재정)을 어디서 구할 것이냐고 묻는다. 내 대답은 이거다. 나는 월가의 거대한 투기 이득에 세금을 매기겠다."** 버니 샌더스, 2016년 민주당 대선후보

장부상 성장률을 올리기 가장 좋지만 국민의 삶과 가장 괴리됐다는 토건정책. 이번 정부는 경기부양을 위해 모두 열여섯 건의 대규모 건설사업의 예비타당성 조사를 면제해 줬습니다. 다시 말해 사업

성이 좋지 않은 건설사업을 그냥 추진하기로 한 것입니다. 모두 24조 원 규모입니다. 이명박 정부의 4대강 예산 22조 원을 뛰어넘었습니다. (공교롭게 4대강 사업도 예타 면제 사업이었습니다.) 만약 수십 년 후 국사 시험에서 열여섯 건의 대형 건설사업 예비타당성 조사를 면제해준 대통령이 누구냐는 시험문제가 나온다면 오답이 속출할 겁니다.

경기가 얼어붙으면서 우클릭도 좌클릭도 환영입니다. 백가쟁명. 정답을 누가 알까. 그래도 가야 할 길은 잊지 말았으면 좋겠습니다. 진보라는 게 무엇일까?

노무현 전 대통령은 "더불어 사는 사람 모두가 먹는 것 입는 것 이런 걱정 좀 안 하고 더럽고 아니꼬운 꼬라지 좀 안 보는…"이라고 했습니다. 지금 우리가 가야 할 방향이 GDP 성장률이나, 수출 몇 백억 불 달성 같은 건 분명 아닐 겁니다. 경기가 하방 곡선을 보이자 정부가 빠르게 우클릭 합니다. 청와대 정책실장은 또 재벌 총수를 만납니다. 이걸 두고 누구는 유연하다고 할 것이고, 누구는 갈팡질팡한다고 할 것입니다.

최소한 "상인과 자본가의 탐욕은 언제든 정부 감시하에 둬야 한다"라는 말은 잊지 않았으면 좋겠습니다. 250년 전에 보수의 태두 애덤 스미스가 한 말입니다.

부자들이 자신이 얼마나 부유한지 드러내고,

가난한 자들이 자신이 얼마나 어려운지 숨기지 않는다면,

시장경제는 과연 유지될 수 있을까.

점점
더 벌어지는
부의 격차

경기가 어려운 게 아니라
격차가 벌어진다

신라호텔 예식에서 식사비용은 하객 1인당 25만 원 정도입니다. 12월은 할인해 줘서 저렴한데도 비용이 1억 원을 쉽게 넘어갑니다. 그래도 예약이 쉽지 않습니다. 저녁 결혼식을 제외하면 12월까지 예약이 끝났습니다.

몇 해 전까지 1인당 10만 원 수준이었던 시내 특급호텔 예식의 식사비용이 지금은 15만 원을 넘어갑니다. 10만 원 축의금 봉투가 미안해집니다. 그래도 수개월씩 예약이 밀립니다. 꽃값만 1,000만 원이 넘는 곳이 많습니다.

미주나 유럽행 여객기는 항상 프레스티지석이 가장 먼저 매진됩니다. 400~500만 원을 더 내고 LA까지 12시간 정도 편하게 여행합니다.

경기가 좋지 않습니다. 코로나19로 인해 경기가 바닥을 뚫고 추락합니다. 큰일입니다. 그런데 경기가 진짜 나쁜 걸까?

'화재 기능이 옵션'이라는 BMW5 시리즈는 자동차의 나라 미국에서만큼 팔립니다. 벤츠E클래스는 제네시스G80보다 더 잘 팔립니다. 지난 2019년 1월과 3월, 급기야 미국 판매량을 뛰어넘었습니다. 미국은 우리보다 자동차 시장이 10배나 큰 나라입니다. 심지어 벤츠E클래스는 독일보다 국내에서 더 팔린 적도 있습니다. 벤츠는 국내에서 한 해 7조 원어치가 팔립니다.

송도의 잭니클라우스 골프장은 10억 원을 예치해야 회원이 됩니다. 수백 명이 대기 중입니다. 남양주 화도읍에 있는 비전힐스컨트리클럽의 회원권은 코로나19가 터지기 전 1월에는 4억7,000만 원에 거래됐습니다. 지난 8월에는 9억 원까지 시세가 올랐습니다. 해외로 나가지 못한 골퍼들이 국내 회원권을 사들이는 겁니다. 경기가 진짜 어려운 걸까?

특이한 게 있습니다. 우리가 자주 이용하지 않거나, 한 번도 구입해 본 적이 없는 재화나 서비스가 유독 잘나갑니다. 국내 3대 백화점의 2019년 매출은 전년 대비 0.1퍼센트 줄었습니다. 이마트, 홈플러스, 롯데마트 등 3대 대형마트는 2019년 매출이 전년 대비 5.1퍼센트나 줄었습니다(산업통산자원부). 그런데 백화점 안에서 파는 해외 명품은 전년대비 13.5퍼센트 판매가 늘었습니다.

격차가 벌어집니다. 이해도 안 되고 체감도 안 되는 '소득 몇 분위 가처분 소득 증감율' 이런 거 따질 필요도 없습니다. 경기가 어렵다기보다, 정확히 말하면 격차가 벌어집니다.

최근에 본 자료 중 가장 눈에 들어오는 통계입니다. 10억 이상 예금을 은행에 맡긴 예금주들의 예금 잔액이 617조 원이나 됩니다(한국은행 경제통계시스템, 2019). 2년 전보다 120조가량 늘었습니다.

물론 사상 최대치입니다. 여기에는 기업의 저축도 포함돼 있습니다. 그래도 지난 5년간 15퍼센트나 늘었습니다(한국은행, 2018). 수백만 원, 수천만 원 저축한 사람들의 예금 증가율을 큰 폭으로 뛰어넘습니다. (1억 원 이하의 저축성 예금은 458조 원으로 같은 기간 37조 늘었을 뿐입니다.) 주변에 10억 이상 예금한 친구가 얼마나 될까?

커지는 빈부격차의 정황 증거들은 차고 넘칩니다. 월급쟁이 다 힘들다지만, 2013년 41만 명이었던 연봉 1억 이상 급여 생활자는 2018년 80만 명을 넘어섰습니다(「2019 국세통계연보」, 국세청). 꿈의 억대 연봉은 이제 흔한 일입니다. (연봉이 아니라) 월급이 7,810만 원 이상이어서 매달 건강보험료 상한액인 239만 원을 내는 급여 생활자도 4,000명을 넘어섰습니다. (건강보험 직장가입자의 월 보험료 상한액은 309만7,000원입니다. 보통 급여 생활자의 30배를 기준으로 두고 상한을 정했습니다.) 10년 전에는 2,000명이 안 됐습니다. 그럼 이들이 진짜 부자 축에 들 수 있을까?

금융소득 상위 1퍼센트는 연 평균 44억 원을 벌어 갑니다. 소득 구간별로 보면 최상위 0.1퍼센트 구간에 속하는 급여 생활자 1만8,000여 명의 총소득을 모두 더하면 14조2,000억 원입니다(국세청, 2018). 이들의 소득은 빠르게, 그리고 강력하게 늘고 있습니다. (상위 0.1퍼센트의 소득이 빠르게 늘고 있는데, 적당히 일하고 연봉 7,000~8,000만 원 받는 노동자를 비난하는 여론은 갈수록 높아집니다. 비정규직이 늘면서 7,000~8,000만 원의 연봉도 유리 지붕처럼 보이기 때문입니다.)

격차는 우리 일상 깊숙이 자리 잡았습니다. 강남 고속터미널의 냉면집, 설렁탕집, 중국음식점 등 식당 대부분의 메뉴가 7,000~8,000원입니다. 지난 10여 년 동안 겨우 1,000~2,000원 올랐습니다. 터미널을 오가는 보통 사람들의 구매력이 그만큼 올랐단 뜻입니다. 동네 순댓국집이나 미용실 커트 요금도 1,000원 올리기가 쉽지 않습니다. 아니, 못 올립니다. 보통 사람들의 구매력이 따라 높아지지 않기 때문입니다.

그런데 현대차 고급라인의 판매 가격은 훨씬 더 올랐습니다. 그랜저나 에쿠스 라인(지금은 EQ900)은 10년 전에 비해 거의 두 배 올랐습니다. 물가인상률로 치면 100퍼센트 오른 겁니다. 구입하는 소비자층의 구매력이 그만큼 올랐다는 것을 반증합니다. 경차나 소형차보다 그랜저 모델 한 종이 더 팔립니다(연간 10만 대 이상 팔립니다).

500여 만 원 정도면 구입할 수 있었던 나뚜찌 소파도, 샤넬 핸드백도 10여 년 만에 두세 배씩 훌쩍 올랐습니다. 그래도 잘 팔립니다. '노동소득분배율이 내렸다'거나 '오르는 지니계수' 이런 기사 볼 필요도 없습니다. 그냥 우리 일상에 소득격차의 징후가 차고 넘칩니다.

포르쉐 911 터보 모델에 파이톤 그린이라는 변색 안료 페인트 옵션이 있다. 이 옵션 비용만 8만 유로가 넘는다

그런데 특이한 것은 언론입니다. 상당수 언론은 이들이 얼마나 풍족한가를 보도하기보다, 다들 어렵다고 보도합니다. '건물주도 어렵고 다주택자도 어렵고, 심지어 재벌도 어렵습니다.' 눈물 날 만큼 걱정합니다. 그들의 재산세도, 종부세도, 양도세도, 증여세도, 금융소득종합과세도 걱정입니다. 진짜 이들에게 조금 더 과세하면 시장경제가 아파할까? 보따리 싸서 미국으로 떠날까? 1970년대 미국의 소득세 최고 구간 세율은 70퍼센트가 넘었습니다.

가난에는 이자가 붙습니다. 하지만 사회가 발전할수록 가난한 계층에는 혜택이 주어집니다. 대학이나 병원은 가난한 사람에게 비용을 깎아 줍니다. 버스 요금도 전기 요금도 깎아 주고, 휴대전화 요금도 할인해 줍니다. 정부는 저소득 농어민에게 매달 국민연금 보험료의 절반을 대신 내줍니다. 그런데 금융은 다릅니다. 가난한 사람들에게 이자를 더 받습니다. 대출을 못 갚으면 거기서 또 이자를 올려 받습니다. 그래서 불리하고 또 불리해집니다. 한번 가난해지면 좀처럼 일어나기가 어렵습니다.

시장경제는 수백 년 전부터 이 문제점을 계속 고쳐왔습니다. 그런데도 격차가 자꾸 커집니다.

"지금 치약 칫솔을 살 돈이 없는가? 그럼 내년에는 임플란트 청구서가 날아올 것이다. 지금 당장 새 매트리스 살 돈이 없는가? 그럼 내년에 척추 수술을 받게 될 것이다. 지금 당장 그 혹을 뗄 돈이 없는가? 그럼 내년에는 3기 암치료를 받게 될 것이다. 가난에는 이자가 붙는다." 테이 존데이, 가수

어느 조직의 슬로건은 그 조직의 약점을 반영합니다. '동반성장'이라는 정부의 슬로건에는, 미안하지만 동반성장하지 못하는 우리 경제의 약점이 숨어 있습니다. 3퍼센트 성장이 남의 일처럼 느껴지는 이유가 뭘까? 누군가가 10퍼센트 성장해서 또다른 누군가의 마이너스 성장을 가립니다. 그러니 경제담론의 1순위는 격차해소가 돼야 합니다. 그래야 시장이 건강해집니다.

그런데 논쟁조차 쉽지 않습니다. 자꾸 이념 문제로 희석됩니다. 이 문제를 지적하면 자연스럽게 좌파가 됩니다. 그러다 진영논리로 갈무리되고, 그래서 대안을 논하기도 전에 서로 얼굴을 붉히고 끝납니다.

격차해소의 주장은 '경기가 어려우니 조금 더 참으세요!'라는 구호에 밀립니다. '조금 더 나눠 보는 건 어떤가'라는 주장은 '그들도 힘들어요!'라는 논리에 밀립니다. 그런데 진짜 다들 힘든가요?

참고로 우리 주택 보유 국민 중 상위 100명이 보유한 주택은 총 1만 4,663채입니다(국세청, 2017). 이들이 소유한 집의 공시가격을 모두 합치면 1조9,994억 원입니다.

가진 자와 가지지 못한 자

"내가 가난한 이들에게 빵을 나눠주면 나를 성자라고 부른다. 내가 '그들은 왜 늘 빵이 부족한가'라고 물으면 나를 공산주의자라고 한다." 돔 헬더 까마라 브라질 대주교

이 글은 SNS에서 격차해소를 주장한 저의 글에 붙은 반대 의견에 대한 반론입니다. 어떤 의견은 신선했고, 어떤 글은 시민사회에서 논의할 가치조차 없어 보입니다. 놀라운 일은 우리 사회에서 격차해소를 반대하는 목소리가 일관성 있게 나온다는 겁니다. 심지어 유력 신문 칼럼에도 실립니다. 이들 주장은 다음 다섯 가지 정도로 요약할 수 있습니다.

① '부자를 규제하면 가난한 사람들이 더 힘들어진다.'

그럴 수도 있습니다. 2018년 최저임금을 16퍼센트나 올렸더니 저임금 일자리가 줄었습니다. 상당수 한계기업과 자영업자들이 고용을 줄인 것 같습니다. 가난한 사람들이 더 힘들어진 게 맞습니다. 애초에 최저임금을 올리면 부자보다 중견기업과 자영업이 힘들어진다는 사실을 간과한 것 같습니다. 정책이 어설펐습니다.

그럼 최저임금을 안 올리면 어떻게 될까? 기업들과 자영업자들이 봄날처럼 살아날까? 저임금을 찬양하는 논조가 버젓이 토론 테이블에 올라옵니다. 임금을 더 낮추면 어떨까? 기업 경쟁력은 불같이 살아날까?

이러다 소득 2만 불 시대로 다시 돌아가자는 주장이 나올지 모르겠습니다. 그러면 정말 기업이나 부자들이 계속 유리해질까? 중요한 건 시행착오를 최소화하면서 균형점을 찾는 것입니다. 그런데 그 격차해소마저 슬그머니 반대합니다.

동네 식당들은 하나둘 문을 닫는데, 청담동의 유명 고깃집은 웬만한 코스닥 상장사보다 돈을 더 벌어들입니다. 강남과 여의도에는 사모펀드가 사들인 식당들이 하나둘 늘어갑니다. 식당 하나에 70~80억 원이 예사로 투자됩니다. (A사모펀드는 식당체인을 하는 B기업에 경영자 인수방식MBO으로 1,000억 원 정도를 빌려주고, 지난해 이 식당체인 이익의 200억 정도를 가져갔습니다. 요즘은 돈을 이렇게 법니다.) 과연 자영업자들이 이들을 이길 수 있을까?

10여 년 전 1,000만 원짜리 롤렉스 시계를 차던 부자들이 지금은 7,000~8,000만 원 하는 바쉐론 콘스탄틴을 찹니다(최종구 금융위원장의 바로 그 시계입니다). 정말 이들이 조금 내놓으면 그래도 가난한 사람들이 더 힘들어질까? 그들은 또 이렇게 주장합니다.

② '시장경제가 발전하면 격차는 더 벌어질 수밖에 없다.'

현실과 당위를 착각한 겁니다. 경제가 발전할수록 격차가 더 벌어지는 나라가 많습니다. 대표적인 나라가 미국입니다. 하지만 현상일 뿐입니다. 우리가 가야 할 당위가 아닙니다.

멕시코의 빈곤 계층은 여전히 진흙 바닥에서 담요를 덮고 잡니다. 일부 부자들은 헬기로 출근합니다. 그렇지 않은 사례도 수없이 많습니다. 유럽에서 가장 빈부격차가 낮은 핀란드는 선진국 중 가장 빈부격차가 큰 미국보다 더 빨리 성장하고 있습니다.

비단 북유럽이 아니라도, 부유하면서 격차가 적은 나라도 많습니다. 프랑스와 독일은 심지어 우리보다 지니계수도 낮습니다(OECD, 2018). 그들은 또 이렇게 주장합니다.

③ '지금 한국에서 가난한 사람들이 조선시대 양반보다 잘 산다.'

고등학교에 다니는 제 딸은 반에서 성적이 중간 정도지만, 조선시대 집현전 학자들보다 다양한 지식을 갖고 있을 겁니다. 그렇다고 해서 공부 그만하라고 할까? 그들은 또 주장합니다.

④ '부자들을 증오하지 마라, 당신도 열심히 일하면 된다.'

부자를 증오한다? (저는 제가 부자라고 생각합니다.) 특히 성장 시절 독점으로 부를 일군 1세대 재벌들보다 지금 부자들은 훨씬 정당하게 부를 쌓아올립니다. 문제는 격차가 커진다는 것이지요. 그 격차가 지나치게 커지면 시장경제에는 늘 빨간불이 켜졌습니다.

정당한 부자가 이자소득을 올리는 것은 당연합니다. 그 예금은 기업이나 자영업자에게 대출돼 우리 사회가 부를 만드는 데 기여할 것입니다. 그런데 그 예금통장에도 격차가 지독합니다.

2017년 은행 예금액 순위에서 상위 0.1퍼센트에 해당하는 5만2,000여 명이 이자소득으로 2조5,000억 원을 가져갔습니다. 0.1퍼센트가 은행 전체 예금 이자의 17.7퍼센트를 가져간 겁니다. 근로소득 0.1퍼센트 안에 드는 우리 국민 1만8,000여 명은 2018년 14조 원을 벌어 갔습니다.

배당소득은 더 심합니다. 배당소득을 가진 0.1퍼센트가 전체 배당소득의 51퍼센트(7조3,000억 원가량)를 가져갑니다. (근로소득자 상위 0.1퍼센트(1만8,005명)는 2017년 14조5,000억 원을 벌었습니다. 이는 우리 근로자 324만 명이 한 해 벌어들인 근로소득과 같습니다. 이들은 근로소득 이외에 이자나 배당, 부동산 임대 등 다른 소득도 높은데, 실제 배당·부동산 임대·사업·근로·기타 소득을 모두 합산한 통합소득을 보면, 우리 국민의 0.1퍼센트인 2만2,000여 명이 2017년에만 33조 원을 벌었습니다. 이는 그해 우리 국민 629만 명의 통합소득입니다(「2017 귀속 통합소득 분석」 국세청)).

그런데 1,800만 우리 근로자 중에 절반이 받는 월급은 200만 원이 안 됩니다. 상위 20퍼센트 근로소득과 하위 20퍼센트의 소득배율이 36배까지 벌어졌습니다. 그러니 우리 경제에서 어떤 시스템이 이런 격차를 불러오는지를 돌아봐야 할 시점입니다. 그런데 이런 이야기를 하면 "왜 부자를 미워하냐?"라고 엉뚱한 핀잔이 돌아옵니다. 그들은 또 이런 주장을 합니다.

⑤ '문제는 알겠는데 해법이 있는가?'

인류는 200여 년 전에 소득세를 도입했습니다. 100여 년 전에 누진세를 도입했습니다. 지금도 수많은 정책들이 시도되고 있습니다. 대표적인 게 기본소득입니다. '누진 과세'라는 발명품은 세탁기나 인터넷보다 시장경제를 지탱해 왔습니다. '부자가 시장에서 얼마나 유리한가?'라는 질문은 '부자가 얼마나 시장에 더 내놓아야 하는가?'라는 고민으로 이어졌고, 이 고민은 격차가 커질수록 더 유효해집니다.

한쪽에선 누진세가 '돈을 더 벌겠다는 의지를 약화시킨다'라고 말합니다. 그럴 수 있습니다. 열심히 벌었는데 세금 내라고 하면 힘이 빠집니다. 고소득자에 대한 우리 소득세율은 40퍼센트를 넘어 이제 거의 선진국 수준입니다. 하지만 하이닉스의 법인세 실효세율을 1퍼센트 올리면 최태원 회장은 하이닉스를 팔아버릴까? 반포 1단지 아파트를 팔아 10억 원의 양도차익을 벌어들인 집주인에게 양도세를 1억 원에서 2억 원으로 올려 부과하면, 그 집주인은 다시는 강남의 아파트를 사지 않을까?

"주변의 두 가지 욕구에 대한 절묘한 균형이 필요하고, 모든 가설을 회의적으로 자세히 들여다보며 새로운 생각에도 마음을 크게 열어야 한다." 칼 세이건

한쪽 눈으로만 보는 사람들은 위험합니다. 히틀러가 보면 다 좌파고, 스탈린이 보면 다 우파일 뿐입니다. 세율에는 정답이 없습니다. 우리 법인세율은 22퍼센트지만, 삼성전자의 실효세율은 15퍼센트 정도였습니다. 연구개발을 많이 하는 기업은 깎아주기 때문입니다. 그러다 너무 깎아준다는 지적이 일자, 박근혜 정부 때는 세액공제를 축소했습니다. 그래서 지금은 이익의 19퍼센트 정도 세금을 냅니다.

뭐가 정답일까? 저는 삼성전자의 법인세 실효세율이 지나치게 높다는 근거와 지나치게 낮다는 근거, 다섯 가지를 제시할 수 있습니다.

세율은 활시위 같습니다. 시대에 맞춰 잡아당기는 세기를 조절하는 겁니다. 분명한 것은 단 하나. 격차가 커진다는 겁니다.

구로 콜센터에서 일하다 코로나19 확진 판정을 받은 시민은 새벽에는 여의도에서 녹즙을 돌렸습니다. 주중에 택시를 몰던 사진작가는 주말에 돌잔치 사진을 찍다가 확진 판정을 받았습니다. 부천 콜센터에서 확진 판정을 받은 이십 대 청년은 주말에 물류센터에서 아르바이트를 하다가 감염됐습니다. 서른 살의 쿠팡 여성사원은 동네 초등학교의 긴급돌봄교실에 지원근무를 했습니다. 코로나19로 숨기고 싶었던 서민들의 힘겨운 일상이 슬쩍 드러납니다.

며칠 전까지 샤넬 클래식 미디엄 백은 715만 원이었습니다. 가격이 올라서 이제 846만 원이 됐습니다. 알뜰하게(?) 이 핸드백을 사려는 줄이 매장마다 길게 이어졌습니다. 이태원 클럽발 3차 감염이 처음 확인된 날입니다. 우리 주변에 715만 원짜리 핸드백을 쉽게 살 수 있는 사람이 얼마나 되는지….

코로나19 위기가 한풀 꺾인 중국에서 광저우의 에르메스 매장이 석 달 만에 문을 열자 하루에 32억 원 어치가 팔렸습니다. "참을 만큼 참았어!" 언론은 이를 '보복소비'라고 이름 붙였습니다.

미국의 상위 1퍼센트 가구가 보유한 순자산 규모는 34조2,000억 달러(약 4경 원)이다(연준의 금융분배계정, 2020년 2분기). 이는 미국민 전체 가구 순자산의 30.5퍼센트이다.

미국 50대 부호의 순자산은 2조 달러에 육박한다. 이는 하위 50퍼센트 전체 순자산과 비슷하다. 미국의 부자 50명의 자산이 전체 자산의 절반에 육박한다(블룸버그 억만장자 인덱스). 지난 금융위기 때처럼 위기는 격차를 더 키운다.

미국 상위 1퍼센트의 순자산은 1년 전에 비해 8,800억 달러 더 커졌다. 상위 1퍼센트와 하위 50퍼센트 간 순자산 격차는 지난해 같은 기간 31조5천억 달러에서 올해 2분기 32조1천억 달러로 1년 새 6천억 달러가 더 벌어졌다. 위기는 늘 부자들에게 더 유리하다.

프랑스혁명 때 귀족들은 '언제쯤 세상이 정상으로 돌아올까?' 하며 세상이 잠잠해지길 기다렸다고 합니다. 하지만 세상은 1789년 이전으로 돌아가지 않았습니다.

코로나19 이전BC과 코로나19 이후AC, 우리 삶은 어떻게 바뀔까? 바이러스는 누구에게나 평등하지 않습니다. 사람이 사람을 만나지 않으면 경기가 식습니다. 경기가 식을수록 파견직, 계약직, 일용직 근로자들을 먼저 집으로 보냅니다. 이른바 플랫폼 노동자에서 프리랜서까지, 바이러스는 불안한 고용을 노립니다. 매일같이 비정규직 근로자들에 "내일부터 안 나오셔도 돼요!"라는 문자 메시지가 전달되고 있습니다.

이렇게 경기가 차갑게 식어가는데 샤넬 매장에는 줄이 기다랗게 늘어섭니다. 격차는 벌어질 것입니다. 지금까지 그랬던 것처럼. 우리가 사랑하는 별, 지구에는 '격차'라는 돌림병이 유행할 가능성이 높습니다. 그 돌림병에 대비한 백신 개발은 누가 준비하고 있는가?

골목식당 사장님은
얼마나 버틸 수 있을까?

가게가 변신합니다. 손님이 줄을 잇습니다. 눈물을 흘리고 고생고생하며 살아온 자영업자들이 비로소 보상받습니다. 어려운 이웃들이 성공하는 것을 지켜보는 일은 흐뭇합니다. 하지만 운 좋게 '백종원 카드'를 얻어 성공 궤도에 오른 동네 식당들은 과연 오래 버틸 수 있을까?

관건은 임대료입니다. 가게 매출이 몇 배씩 오르면 건물주들은 어떻게 반응할까? 십중팔구 임대료가 따라 오릅니다. 장사가 더 잘되면, 건물주는 임대료를 더 올립니다. 결국 백종원의 마술은 상당 부분 건물주에게 이전됩니다.

마포구 상수동 일대는 2014년 이후 3년 동안 상권이 급등했습니다. 이 기간 임대료는 평균 42.5퍼센트나 올랐습니다. 같은 기간 홍대 주변 상권의 임대료도 31.3퍼센트나 올랐습니다(부동산 114). 가로수길,

북촌, 경리단길, 망리단길, 해방촌, 성수동 가리지 않고 젠트리피케이션이 번져나갑니다. (1960년대 도심이 확장되면서 노동자들이 살던 런던의 거주지에 중산층이 들어옵니다. 도심은 말끔하게 정비됐습니다. 그래서 신사를 뜻하는 'gentry'에서 파생되어 이 현상을 설명하는 용어가 되었습니다. 마을의 가치가 오르면서 임대료가 동반 상승합니다. 원주민인 노동자들이 쫓겨납니다. 영국과 다르게 우리나라의 젠트리피케이션은 주거지가 아닌 주로 상권에서 발생합니다.)

원주민들이 떠나고 말끔한 신사들이 자리 잡는다는 이 냉소적 단어처럼, 임대료는 오르고 고생한 상인은 동네를 떠납니다. 이태원에 있던 홍석천 씨의 레스토랑도 문을 닫았습니다.

> 집주인에게 망치를 휘둘러 구속된 궁중족발 사장님이 내던 월세는 300만 원가량이었다. 건물이 팔리고 새 건물주가 왔다. 월세는 1,200만 원으로 올랐다. 마침내 가게가 자리를 잡고 손님이 줄을 서는 5년차에 그는 가게에서 쫓겨날 수밖에 없었다. 당시 상가 세입자의 계약갱신 청구권은 5년이었다. 그는 2년 실형을 살고 출소했다. 새 건물주는 강제퇴거가 이뤄진 날 페이스북에 '시세차익 다다익선!'이라는 글을 올렸다. 새 건물주는 모두 14채의 건물을 갖고 있다.

집주인이 월세를 올리겠다는데 "법대로 하자!"라고 할 수 있는 세입자는 거의 없습니다. 그래서 '건물주님'입니다. (농지가 생기고 수천

년 동안 농민이 소작료를 결정한 적은 없었습니다.) 공인중개사도 내 편이 아닌 경우가 많습니다. 세입자보다는 아무래도 건물주에게 잘 보이는 게 유리합니다. 거래 구조상 중개사는 세입자가 자주 바뀔수록 돈을 더 벌 수 있습니다.

특히 건물을 신축하거나 리모델링을 하면 세입자를 모두 내보낼 수 있습니다. 그래서 이제는 신규계약을 할 때 리모델링 계획을 미리 명시해야 합니다. 사냥꾼처럼 이를 계획하고 실행해 주는 업자들도 있습니다. 이들은 리모델링 설계도와 대출 계획서를 꼼꼼히 준비해 건물주를 설득합니다.

그들은 은행 대출을 받아 5층 건물을 지하 2층에서 지상 7층으로 올린 뒤 받을 수 있는 수익률을 정확하게 제시합니다. 리모델링이 끝나고 이제 새 세입자를 받으면 됩니다. 건물 가치가 올라갑니다. 권리금이 사라집니다. 세입자가 받아야 할 권리금을 건물주가 대신 받거나, 그만큼 임대료를 올려 받을 수 있습니다.

이렇게 임대료가 급등하는 것을 막기 위해 임대료 상한을 5퍼센트로 낮췄습니다. (해마다 5퍼센트 이상 월세를 올리면 안 됩니다. 2년 계약이면, 2년 뒤 재계약할 때 10퍼센트 이상 올리면 안 됩니다.) 계약갱신청구권도 5년에서 10년으로 늘렸습니다. 계약 만료 석 달 전에는 세입자가 우선 다음 세입자를 선택할 수 있습니다. 하지만 이렇게 건물주의 재산권을 파고 들어가는 규제는 한계가 있습니다. 근본적으로 우리 사회에서 건물주가 갖는 지대를 줄여야 합니다.

이제 지대는 선제적이고 우월적인 점유로 벽을 세우고, 이를 통해 독점적으로 챙겨 가는 이윤을 의미합니다.

여전히 임대소득의 과세는 불투명합니다. 건물을 매입할 때 건물주의 이자부담에서 지금의 임대수익 총액을 뺀 순임대소득은 적어도 100조 원 규모로 추정됩니다. (제대로 신고를 안 하니 제대로 된 통계도 없습니다.)

"부유한 계층의 소득 원천은 지대에서 나온다. 지대는 가난한 이들의 돈을 부유한 이들에게 이전한다. 소수는 이익을 보고 다수는 손실을 보는 방향으로 시장을 왜곡한다." 조셉 스티글리츠, 2001 노벨 경제학상 수상자

땅의 쏠림이 점점 심해집니다. 지대가 커질수록 쏠림도 커집니다. 70년 전 우리는 농민들에게 토지를 분배했습니다. 아시아 신흥국가들 중 단연 파격적인 수준이었습니다. (농지개혁은 1949년부터 진행됐습니다. 일본인들이 점유하고 있던 토지와 소유주가 분명하지 않은 토지를 정부가 인수해 소작농민들에게 분배했습니다. 지주들의 땅은 연간 예상 수확량의 150퍼센트를 지주들에게 5년간 지급하기로 하고 정부가 사들여 분배했습니다. 150퍼센트의 수확량은 돈으로 환산해 채권으로 지급했습니다. 땅을 받은 농민들은 연간 수확량의 30퍼센트를 5년간 지급하는 조건이었습니다. 비로소 '내 것'이 생겼고, 우리 시장경제의 튼튼한 뿌리가 됐습니다.) 이렇게 얻은 자본에 농민들의 땀이 더해지면서, 우리는 시장경제의 토대를 만들었습니다.

세월이 흘러 다시 지대의 쏠림 현상이 강해집니다. 땅에서 얻는 이

익이 점점 일부에게 몰립니다. 그사이 건물주는 '건물주님'이 됐습니다. 갈수록 상인들의 걱정은 음식 맛보다 임대계약 갱신에 쏠립니다. 한국 사회에서 식당이 수십 년 노포가 될 수 있는 비결은 맛도 백종원도 아닙니다. 좋은 건물주를 만나야 합니다. 백종원보다 더 무서운 경쟁력, 이 힘의 불균형을 어떻게 해야 할까?

16세기 인클로저 enclosure 운동이 시작되고 사람들은 '내 땅'을 소유하기 시작했습니다. 리카르도와 스튜어트 밀 등 수많은 과학철학자들의 논쟁이 시작됐습니다. 땅을 누가 어디까지 소유하고 어디까지 규제할 것인가?

이 논쟁은 시장경제의 근간이 됐습니다. (미국의 건국이념이기도 합니다.) 하지만 20세기 들어 산업생산이 급성장하고 생산의 원동력이 땅에서 노동력과 기술로 이전됩니다. 땅의 소유에 대해 부담을 매기자는 주장은 약화되고, 과세는 기업생산과 소비자의 지출에 맞춰졌습니다. 그렇게 눈에 보이지 않는 지대는 점점 더 강화됐습니다.

1970~1980년대 한국의 기업들은 생산력의 향상과 함께 막대한 부동산 차익을 통해 성장했습니다. 그때 회장님이 사둔 땅이 천문학적인 종잣돈이 됐습니다. 은행대출 시스템이 발전하고 우리 경제의 규모가 커지면서 지대 추구는 자본수익의 큰 축이 됐습니다. 다만 보이지 않을 뿐. 그리고 마침내 집값과 임대료가 우리 소득보다 더 빨리 오르는 세상이 됐습니다.

여전히 땅값이나 건물값이 올라서 큰 부를 축적한 사람들이 많습니다. 그러니 다들 땀 흘린 노동 끝에 건물주가 되려고 합니다. 해답은 토지와 건물의 소유권에 사회적 부담을 얹고, 사용권이나 주거권을 확대하는 것입니다. 땅의 공공성을 회복할수록 건물주와 세입자 간 힘의 균형도 회복됩니다. 그래야 모두의 꿈이 건물주인 사회도 바꿀 수 있습니다.

세입자에 대한 인식도 바꿀 시간입니다. 주식투자와 달리 부동산 투자에는 상대방이 있습니다. 주식투자는 나에게 수익을 올려준 상대방을 알 수도 없고, 만나지도 않습니다. 하지만 건물의 주인이 된다는 것은 상인들과 공존의 시작입니다. 공존하지 않으면 같이 망한다는 점에서, 상가투자는 어쩌면 세입자와 공동 투자하는 것일지도 모릅니다.

착한 게 아니라
가난한 거다

10억 원이 넘는 정기예금 계좌가 4만1,000개가 됐습니다(한국은행, 2019년 상반기). 1년 만에 또 3,000개나 늘었습니다. 부자 고객을 위한 은행들의 자산관리ᵂᴹ시장이 자꾸 커집니다. 예금이 30억 이상인 고객들이 대상입니다. 지난해 시중 4대 은행이 WM시장에서 번 수수료는 1조 원이 넘습니다. 그야말로 돈 되는 고객들입니다.

중요한 것은 우리 시장에서 누군가는 진짜 돈을 많이 번다는 것입니다. 그 치우친 부가 1인당 GDP를 끌어올립니다. 소득 3만 달러 시대, 이 '흐뭇한' 통계는 우리 사회에서 벌어지는 격차를 가립니다.

롯데백화점의 프레스티지 고객이 되려면 연 6,000만 원어치 이상 구매해야 합니다. 그런데 연간 1억 이상 구매 고객이 늘면서, 최상위 등급인 레니스 등급을 새로 만들었습니다. 현대백화점의 자스민 회원이나 신세계백화점의 트리니티 회원도 마찬가지입니다. 유명 백화점의 프레스티지 멤버 고객들은 0.1퍼센트가 되지 않지만, 매출의 30퍼센트 이상을 책임집니다. 부의 격차는 좀처럼 숫자로 증명되지 않습니다. 폐지 줍는 할머니처럼 오직 눈에 보일뿐.

"중요한 것은 모두 측정되지 않고, 측정되는 것이 모두 중요한 것도 아니다."

아인슈타인

2020년 우리는 코로나19 위기에서 선방하며 2분기 성장률이 OECD 국가들 중 1위를 차지했습니다. (워낙 선진국들의 성장률이 폭락하기도 했습니다.) 그런데 소비자물가 상승률은 OECD 37개 나라 중 31번째로 낮습니다. 국가의 총생산은 늘고 있는데, 좀처럼 가격이 오르지 않는 겁니다. 가격을 올리지 못한다는 것은 우리 주머니가 가볍다는 뜻입니다.

실제 근원물가는 해마다 자꾸 내려갑니다. 한국은행은 2020년 6월 근원물가 상승률 전망치를 0.4퍼센트까지 낮췄습니다. (소비자물가를 계산할 때 국제유가가 갑자기 내리거나, 채소값이 갑자기 오르면 통계에 착시가 생깁니다. 그래서 식료품이나 에너지를 제외한 근원물가를 따로 계산하는데, 근원물가는 사실상 0까지 추락했습니다. 역사상 가장 낮은 수치이며, OECD 평균은 2.0쯤 됩니다.)

실제 1,900원짜리 아메리카노가 흔해졌습니다. 길을 가다 2,900원 자장면집을 찾았습니다. 체인점입니다. 제가 기자 생활을 시작한 1995년

보다 더 낮은 가격입니다. 착한 가격이라는데, 사실은 이를 살 소비자들의 구매력이 낮아져서 그렇습니다. 착한 게 아니고 가난한 겁니다.

다수 국민의 구매력이 떨어지니, 제품이나 서비스의 가격도 쉽게 올릴 수 없습니다. 피자 가격은 10년 전 그대로, 가격을 쉽게 못 올리는 과자나 아이스크림은 그래서 크기가 줄어듭니다.

국민소득에 영향을 주는 모든 경제활동을 반영하는 GDP 디플레이터 증가율도 5분기 연속 마이너스입니다(2020년 1분기). 물가를 잡는 기관인 한국은행은 요즘 물가를 애써 끌어올리는 중입니다.

사실 국민소득 3만 달러 시대는 도통 체감이 어렵습니다. 1인당 소득이 3만 달러면 3,300만 원이 넘습니다. 4인 가구라면 1년 소득이 평균 1억3,000만 원 정도 된다는 뜻입니다. 외벌이 가정에서 아버지의 연봉이 1억3,000만 원이라고 해도 평균 가정밖에 안됩니다. 체감이 쉽지 않습니다.

이유는 국민소득을 계산할 때 가계뿐 아니라 기업소득과 정부소득(세수)을 더하기 때문입니다. 그러니 가계소득이 오르지 않고 기업이나 정부의 소득(세수)만 커져도 GDP는 올라갑니다. 물론 이론적으로는 정부 세수가 늘어나려면 국민의 소득이 높아져야 하지만요.

또 소득이 아주 높은 한 명이 소득이 낮은 근로자 열 명의 평균을 끌어올립니다. GDP는 국민의 실제 주머니 상황을 잘 반영하지 못합니다. 우리는 GDP에서 기업이나 정부 비중이 높고, 유독 가계 비중이 낮은 나라입니다.

비슷한 통계로 국민총처분가능소득이 있습니다. 여기서 가계의 몫도 자꾸 줄어듭니다. 56퍼센트까지 떨어졌습니다. 높았을 때는 77퍼센트를 넘었습니다. 정리하면 대한민국 경제의 주머니는 자꾸 커지는데, 국민들의 주머니는 그만큼 따라 자라지 않습니다.

게다가 지난 2014년 여름부터 우리는 열심히 돈을 빌려 아파트를 샀습니다. 덕분에 가계부채는 순식간에 1,600조(2020년 1분기)가 됐습니다. 지금은 가구당 평균 7,900만 원(2019년)의 빚을 지고 있습니다. 그러니 '소득 3만 달러 시대'는 참 빛 좋은 개살구 같습니다. (집이라는 재화가 우리 국민에게 주는 효용은 비슷한데, 국민이 주택에 쓰는 돈은 크게 늘었습니다. 우리는 선진국에 비해 집이나 땅 같은 비금융자산에 소득의 거의 두 배를 씁니다. 이 무슨 허망한 짓인가.)

더 큰 문제는 격차입니다. 소득 통계를 낼 때 크게 5개 그룹(5분위)으로 나눕니다. 보통 상위를 나타내는 5분위는 지난해 같은 분기보다 2~3퍼센트 소득이 오릅니다. 하위 20퍼센트를 나타내는 1분위는 5퍼센트가량 소득이 오릅니다. 상위 5분위는 1,000만 원을 벌다가 2퍼센트(20만 원)가 오르고, 하위 1분위는 100만 원을 벌다가 5퍼센트(5만 원)가 오르기 때문에 격차는 오히려 더 벌어집니다. 이것이 경제부 기자들에게 익숙한 소득격차 매뉴얼입니다. 그런데 2009년 1분기에 나온 소득 통계는 충격적입니다.

하위 1분위의 소득이 17퍼센트나 줄었는데, 상위 5분위의 소득이 10퍼센트나 올랐습니다. 기자들 사이에선 올 것이 왔다는 분위기였습니다. 하지만 GDP 통계는 이러한 현실을 잘 반영하지 못합니다. GDP만 보면 우리는 2만 달러 숲을 지나, 3만 달러 강을 건너, 4만 달러의 바다로 잘 달려가고 있습니다. 하지만 오늘 우리 사회에서 얼마나 많은 사람이 가난으로 고통받는지는 드러나지 않습니다.

지금은 노동보다 자본과 첨단 기술이 돈을 법니다. 과거 명동의 오징어볶음집 사장님은 열심히 일을 해서 건강한 부를 축적하며 그랜저를 샀습니다.

이제 명동에는 스타벅스와 유니클로가 들어섰습니다. 거대자본이 투자하고 첨단 시스템이 작동합니다. 노포나 (숙련)노동은 그만큼 설 땅이 줄어들었습니다. 우리가 명동에서 소비를 해도 그 이익의 상당 부분이 바다 건너 어느 주주의 손으로 들어갑니다. 그 거대한 이익을 가져가는 사람들은 더 커지고 더 합법적이며 더 조직화됐습니다. 그들은 뉴저지의 알파인이나 런던의 캐너리워프, 상하이의 와이탄 또는 서울 어딘가에 살지만, 우리 눈에 잘 보이지 않습니다. 지구 어딘가에 살면서 막대한 부를 챙겨 갑니다.

부자들의 자산이 너무 빠르게 늘고 있는 미국에선 이제 억만장자가 되려면 재산이 몇 조 원은 돼야 합니다. 슈퍼리치를 대상으로 한 부유세 논쟁이 뜨겁습니다. 자산 5,000만 달러(600억 정도)가 넘으면 2퍼센트의 세금을, 또는 연 소득이 1,000만 달러(110억 정도)를 넘는 급여 생활자의 소득세 과표를 높이자는 주장입니다.

우리나라 1인당 GDP는 계속 높아집니다. 반가운 일입니다. 하지만 어딘가는 빈곤의 그림자가 더 길게 드리웁니다. 소득이 오르지 않는 그곳은 자꾸 가격이 내려갑니다. 경험해 보지 못한 바이러스는 이 격차를 더 키울 겁니다.

백화점 어느 매장의 핸드백 하나가 쉽게 1,000만 원을 넘어가는데, 자장면은 다시 2,900원 시대가 됐습니다. 그래서 착한 가격은 우리에게 절대 반가운 소식이 아닙니다.

GDP 디플레이터 증가율

명목 GDP를 실질 GDP로 나눈 뒤 100을 곱한 값이다. 생산자물가지수, 소비자물가지수와 함께 국민 경제 전체의 물가수준을 나타내는 지표로 사용된다. 이 수치의 변화는 종합적 물가지수 변화를 나타낸다. 한국은행이 분기별로 발표한다.

우리 경제도 베네수엘라처럼 망할까?

1948년 콜럼버스가 3번째로 발견한 나라 베네수엘라. 뜻하지 않게 우리 언론에 반면교사로 자주 등장합니다. '우리도 베네수엘라처럼 망한다'라는 겁니다. 상가 임대차보호법을 강화하면, 최저임금을 올리면, 종부세를 강화하면, 청년들에게 기본소득을 지급하면, 하다못해 코로나19에 감염된 우리 교민을 무료로 치료해 준다는 소식에도 '그러다 베네수엘라처럼 망한다'라는 기사가 이어집니다.

실제로 베네수엘라는 망했습니다. 2017년 인플레이션이 100,000퍼센트를 넘었습니다. 10만 원의 시장가치가 1원이 된 겁니다. 최저임금을 3,000퍼센트나 올리고 화폐도 발행했지만 경제는 속절없이 무너졌습니다. 10년 전 1만 달러를 웃돌던 1인당 GDP도 2,000달러 수준까지 급락했습니다. 종이 화폐보다 휴지가 더 비싼 나라가 됐습니다.

고통은 서민들에게 전가됩니다. 국민들 평균 체중이 20파운드(약 9킬로그램) 정도 줄었다는 소식도 있고, 농업부 장관은 "토끼는 애완 동물이 아니라 2.5킬로그램의 식량"이라고 했다더군요.

베네수엘라가 몰락한 이유를 일부 신문은 차베스 정권의 현금 살 포에서 찾습니다. 그러니 우리의 재정확대도, 복지확대도 반대합니 다. 베네수엘라처럼 되지 않기 위해서입니다. 일부는 맞고, 일부는 틀 리고, 일부는 매우 과장됐습니다.

정말 재정이 확대됐을까? 2000년 베네수엘라의 GDP 대비 재정 지 출 비율이 28퍼센트였습니다. 2018년에는 41퍼센트까지 높아집니다. 재정적자도 따라 심각하게 커집니다. 그런데 자세히 보면 GDP 자체 가 해마다 크게 쪼그라 들었습니다. 그러니 재정을 확대하지 않아도, 재정지출 비율은 해마다 높아집니다. 그런데 이런 말은 하지 않습니다.

진짜 이유는 석유 때문입니다. 베네수엘라는 사우디를 압도하는 세계 최대의 산유국입니다. (어떤 경우 풍부한 자원은 오히려 국가 발전 을 저해하는 게 아닐까. 2003년에 시에라리온에서 다이아몬드 광산을 취재 했습니다. 학교 갈 나이가 된 아이들마저 모두 다이아몬드를 찾아 떠납니 다. 툭하면 다이아몬드 유통망을 확보하기 위해 내전이 벌어집니다.) 석유 가 수출의 97퍼센트, 재정수입의 절반입니다.

그런데 원자재 슈퍼 사이클(대호황)이 끝나고 2016년부터 국제유 가가 급락합니다. 생산시설도 빈약하고, 정제시설도 없는 최고의 산 유국은 이제 팔 수 있는 게 없습니다. 수출이 안 되니 달러가 마릅니 다. 달러 수요가 폭등하고 자국 화폐가치가 폭락합니다.

화폐가치가 폭락해도 스스로 만들어 입고 먹으면 됩니다. 그런데 이 나라는 스스로 만들 수 있는 게 없습니다. 운동화부터 휴대전화까지 모든 것을 수입해야 합니다. 수입물가가 폭등합니다. 100볼리바르였던 치약이 30만 볼리바르가 됐습니다. 국민들은 귀한 달러를 집에 숨기고, 자국 화폐만 사용합니다. 달러값은 더 오르고, 해외 자본은 철수합니다. 그렇게 자국 화폐는 휴지가 됩니다.

우리도 IMF 외환위기 때 그랬습니다. 외국인 투자자들이 우리 외환시장에서 원화를 팔고 달러로 바꿔서 고향으로 돌아갔습니다. 다들 안전한 달러를 찾고 원화가치가 급락합니다. 그런데 우리는 '세상 모든 것'을 스스로 생산할 수 있는 나라입니다. 양말과 모자, 운동화에서 최고의 텔레비전과 휴대전화, 승용차, 심지어 코로나19 검사 키트까지 만들어 수출합니다. (전 세계에 이런 나라는 독일밖에 없습니다.) 급하면 마스크를 하루 1,000만 개나 생산할 수도 있습니다.

우리 원화가치가 떨어지면 이들 제품의 수출이 더 유리해집니다. 다시 달러가 들어옵니다. 그렇게 외환위기를 벗어납니다. 그러나 베네수엘라는 생산할 수 있는 'something'이 없습니다. 그러니 베네수엘라와 우리 경제는 산업의 프레임 자체가 다릅니다. 그런데 이런 말은 잘 하지 않습니다.

"북부에는 공장과 제철소, 철광, 탄광이 다 있어요. 모두 우리 남부에 없는 것들이죠. 우리가 가진 거라고는 목화와 노예 그리고 교만뿐이에요. 그러니 북부군이 이 전쟁에서 이길 거예요." 〈바람과 함께 사라지다〉 중에서 레트 버틀러의 대사

차베스 정권은 '미시온mission'이라는 복지정책을 펼쳤습니다. 극심한 빈부격차 해소를 위해 석유에서 나온 재정수입을 쏟아부었습니다. 임대주택 공급을 늘리고, 무상교육을 확대합니다. 빈곤율과 문맹률은 크게 낮아졌습니다. 차베스 집권 14년 동안 베네수엘라 경제는 46퍼센트나 성장합니다. 성장과 분배 두 마리 토끼를 잡는 것 같았습니다.

하지만 이 정책은 오직 석유라는 천수답에 비가 올 때만 가능합니다. 넘치는 무역수지 흑자는 국산 기술개발로 이전되지 못했습니다. 국제유가가 폭락하자 재정은 말라붙었습니다. 외채 만기가 돌아와도 갚을 달러가 없습니다.

복지지출은 멈추기 힘든 원심력이 있습니다. 차베스 정권을 이은 마두로 정권은 화폐 발행을 통해 '그랑미션'을 이어가려 했지만 결국 하이퍼인플레이션이 폭발합니다. 가격통제를 통해 물가인상을 막아보려 했지만, 거대한 암시장이 만들어졌습니다. 그러니 복지 때문에 무너진 게 아니고, 산업이 붕괴된 겁니다. 과다한 복지가 하나의 원인이 된 것입니다. 사실은 지나친 해외 의존과 기술력 부재로 망했습니다. 영웅 차베스의 국가주의가 휘두른 관치경제로 망했습니다. 그런데 이런 말은 잘 하지 않습니다.

진짜 긴급재난수당을 지급해서, 다주택자에 대한 과세 때문에, 국민기초생활보장제를 도입해서, 국민건강보험을 확대해서, 학교에 무상급식을 도입해서, 최저임금을 높여서, 우리도 베네수엘라처럼 망한다면 이런 정책을 토대로 번영한 선진국들의 오늘은 어떻게 설명할 수 있을까?

복지정책의 비판에는 꼭 '현금 살포'가 등장합니다. 포퓰리즘의 대명사입니다. 아이들의 무상급식 예산 1조5,000억을 두고 서울시장이 사퇴까지 할 만큼 우리 사회가 홍역을 치렀습니다. 일부 언론은 아이들에게 밥을 먹이는 것도 현금 살포라고 했습니다.

우리 복지에서 매년 가장 큰 재정이 들어가는 사업은 기초연금입니다. 하위 70퍼센트의 어르신들에게 매월 20만 원 정도(기초연금은 65세 이상 어르신들의 재산과 소득을 따져 낮은 순대로 10명 중 7명에게 지급합니다. 지급액도 점점 높아져 어르신 한 명당 많게는 월 30만 원을 받습니다. 노인 인구도 해마다 늘어 2028년 기초연금 예산은 30조를 넘을 것으로 추정됩니다.)를 지급하는 이 정책은 박근혜 전 대통령이 도입했습니다. 당초 공약은 어르신 모두에게 지급하겠다는 내용이었습니다.

노인 비중은 해마다 높아지고, 2019년에만 12조 원의 예산이 투입됐습니다. 그야말로 차베스식 무차별 현금 살포입니다. 그런데 이런 말은 하지 않습니다.

복지에 대한 무조건적 비판은, 무조건 복지를 확대하자는 주장만큼 위험합니다. 그리고 그 기준점은 시대에 따라 변합니다. 복지지출은 가만 둬도 해마다 증가하는 경향이 있습니다.

선진국은 복지지출을 얼마나 할까? 2018년 국내총생산 대비 복지지출 비율이 가장 높은 나라는 프랑스로 31.2퍼센트입니다. 벨기에와 덴마크, 이탈리아 등 선진국 대부분이 20퍼센트를 훌쩍 넘습니다. OECD 평균은 21퍼센트입니다. 한국은 끝에서 두 번째로 11.1퍼센트입니다. 그런데 이런 말은 잘 하지 않습니다.

우리 경제는 파탄이고
곧 망할 거라는 분들에게

'이런 추석은 처음'이었다가 '이런 설이 처음'이었는데, 코로나19 여파로 '이런 불경기는 처음'입니다. 신문을 펼치면 최악의 졸업 시즌에 최악의 취업시장, 최악의 결혼시장입니다. 자영업은 대란, 중소기업은 몰락입니다. 매출절벽에 경제는 파탄입니다. 정치권은 연일 우리 경제가 파탄 날 것이라고 합니다.

파탄 (破綻) [파ː탄] [명사] 1. 찢어져 터짐.

그런데 쌍용차는 위기인데, 7,000만 원이 넘는 현대차의 GV80은 출시 열흘 만에 2만 대가 팔렸습니다. 경제위기론은 여기서 벌써 삐꺼덕거립니다. 우리 경제는 과연 파탄으로 가고 있는 것인가.

이상한 게 있습니다. 어렵고 망한다는 업종 대부분이 재래업종들입니다. 지난 수십 년 동안 잘나가던 업종들입니다. 치킨집에서 방직 공장, 인쇄소 골목처럼 '시대에 밀리는' 업종들입니다.

제가 어릴 적에는 카시오 시계를 찼습니다. 지금은 카시오도 롤렉스도 잘 안 팔립니다. 그래서 진짜 불경기일까? 지구인들이 가장 많이 차는 시계는 애플워치입니다. 사실은 휴대전화가 시계입니다. 그러니 시계 회사 매출은 이제 경기를 반영하지 못합니다.

선거철인데 '충무로 인쇄골목 경기가 최악'이라고 합니다. 배달 플랫폼 시장이 5조 원대로 성장했는데 전단지 인쇄업이 잘될 리가 없습니다. 최저임금을 올려서 방적회사가 베트남으로 떠난다고 걱정합니다. 우리 경제에 실을 짜는 방적회사가 어울릴까? 그래서 베트남처럼 최저임금을 주는 기업이 늘어나면 우리 경제가 살아날까? 그럼 나이키의 나라 미국에 왜 나이키 운동화 공장이 하나도 없을까?

이미 우리 경제 GDP는 호주와 캐나다, 스페인을 넘어섰습니다. 코스피 상장사 중 20위권인 KT나 현대제철의 매출이 20조 원을 훌쩍 넘습니다. 지방의 백화점 한 곳의 매출이 1년에 1조 원을 뛰어 넘습니다(부산 롯데백화점, 2019). 1년 소득세로 수십 수백 억을 내는 사람도 흔해졌고, 결혼 30주년 기념으로 1억 원짜리 시계를 사는 풍경도 이상하지 않습니다. (우리가 아는 시계 브랜드는 이미 명품이 아닙니다.) 그래서 7,000만 원짜리 GV80도 불타나게 팔립니다.

결국 경기가 어려운 게 아니고 격차가 벌어지는 겁니다. 우리 국민 32만 명이 10억 이상 예금을 갖고 있습니다. 600조 원이 넘습니다

(KB경영연구소). 경기는 최악이라는데 거액의 예금이 왜 넘쳐날까? 이는 쓸 곳(투자할 곳)이 없다는 뜻이고, 쓸 거 다 써도 자꾸 남는다는 뜻입니다.

최소 1억 이상 투자해야 하는 사모펀드 가입 잔액만 23조9,000억 원(금융투자협회, 2019)입니다. 우리 경제는 예전의 우리 경제가 아닙니다. 우리 경제의 아랫목은 이렇게 뜨겁다 못해 펄펄 끓습니다. 그런데 자꾸 윗목만 보며 차갑게 식어간다고 합니다. 위기라고 합니다. 파탄이라고 합니다. 실제 벼농사 시장으로 보면 우리 경제는 30년 전보다 수십 배 쪼그라들었습니다. 이 분석이 맞을까?

전통업종이나 자영업자가 힘드니 이들을 살려야 합니다. 그러다 보니 지나치게 경쟁이 심한 업종, 미래가치가 낮은 업종에 사회적 관심과 정부의 지원이 이어집니다. 매출이 급감하고 있는 오토바이 산업을 지원하면 우리 경제가 좋아질까? 청년들은 죄다 세그웨이나 전동 퀵보드를 타는데….

진단이 이상하니까 처방이 산으로 갑니다. 정치권은 '미래업종을 어떻게 살릴까' 궁리하기보다 '매일 재래업종이 망해간다'고 싸웁니다. '타다'를 어떻게 살릴까를 고민하지 않고, 택시 산업 망한다고 매일 싸웁니다. 언론은 매일 이를 받아 적습니다. 덕분에 오늘도 남대문시장은 또 '사상 최악의 불경기'입니다.

다들 모바일쇼핑을 하는데 남대문시장 경기가 살아날까? 2020년 1월 28일, 쿠팡의 하루 로켓배송 건수는 330만으로 역대 최고치를 넘어섰습니다.

정책 중에 가장 안 좋은 정책이 활성화정책입니다. 죽어가는 업종을 살리기보다는 새로 태어난 업종을 지원해야 합니다. (정부가 어르신에게 비아그라를 제공하는 것보다 20대의 출산을 장려하는 게 훨씬 좋듯이 말입니다.) 규제를 풀어야 하고 여기서 밀린 기업과 사람들을 위해서는 사회안전망을 확충해야 합니다.

치킨집 지원한다고 치킨업종이 살아날까? 그보다 아빠는 언제든 직업교육을 다시 받고, 엄마가 아파도 부담 없이 병원에 가고, 큰딸은 무료로 국공립대를 다닐 수 있어야 합니다. 그런 나라를 '선진국'이라고 합니다.

식어가는 윗목보다 불타오르는 아랫목을 봐야 합니다. 지원도 미래산업에 하고, 규제도 미래산업에 풀어줘야 합니다. 돈이 넘치고 또 넘쳐나는 업종이 있다면 과세하면 됩니다. 그런데 우리 국민은 수십조 영업이익이 나는 기업이나 수백억 버는 부자들이 힘들다고 걱정합니다. 왜 그들에게만 자꾸 부담을 지우느냐고 걱정합니다.

언론도 마찬가지입니다. 오피스텔에서 월세를 내며 사는 후배 기자가 50억 원이 넘는 한남 더힐 주민들의 종부세를 걱정합니다. 지난 2017년 국세청에 신고된 부동산 매매차익은 84조8,000억 원이었습니다(국세청, 2017). 그중 상위 1퍼센트가 19조 원을 가져갔습니다. 그래도 그들을 걱정하고 또 걱정합니다.

한 달 500만 원 버는 월급쟁이가 소득세 내는 건 당연한데, 정치권이 래미안첼리투스에서 월세 500만 원 받는 집주인에게 과세하려고 하면 또 걱정하고 반대합니다. 그들이 해외로 떠나면 어떡하느냐고 진심으로 걱정합니다.

친구들이 모였습니다. 그중 아주 가난한 친구와 아주 부자인 친구 사이에 몇 배나 격차가 벌어지면 정말 심하게 벌어졌다고 할 수 있을까? 두 배? 5배? 10배 아니면 100배? 서울의 경우 소득 상위 0.1퍼센트의 평균 소득이 하위 10퍼센트 평균 소득의 3,000배에 육박합니다(국세청 종합소득세 자료, 2017). 1만 배 정도 벌어질 때까지 더 기다릴까?

마지막으로 정말로 감추고 싶은 정보 하나. 우리 국민의 개인예금은 623조입니다(금감원, 2019). 그중 상위 1퍼센트는 얼마나 갖고 있을까? 283조 원입니다. 2020년 우리 정부 예산의 절반이 넘습니다.

그렇다면 10억을 가진 사람과 부자는 얼마나 격차가 벌어졌을까. 주가가 급등한 테슬라의 CEO 일론 머스크가 지닌 재산은 2020년 10월 말 기준 919억 달러다(103조 8천억 정도, 《포브스》). 매주 10억 원씩 로또에 당첨된다고 가정하면, 1996년 동안 매주 로또에 당첨돼야 103조 원을 모을 수 있다. *

최저임금 탓은 그만합시다

시장경제에는 몇 가지 중요한 가격이 있습니다. 돈을 빌려준 가격(이자율)과 나라끼리의 화폐 교환 가격(환율), 그리고 노동에 대한 가격(임금)입니다. 모두 시장에 큰 영향을 줍니다.

시장은 급격한 가격변동을 싫어합니다. 최저임금도 그렇습니다. 2018년 최저임금 16퍼센트 인상을 둘러싼 논쟁은 정부 여당이 당분간 최저임금 인상 속도를 조절하는 것으로 봉합이 됐습니다.

급격한 최저임금 인상의 부담이 생각보다 중소기업과 자영업자에게 더 큰 충격파를 쳤습니다. 그래서 기업들이 직원을 내보냅니다. 30년 함께 일한 직원을 내보내야 하는 어느 중소기업 사장의 사연이 크게 신문에 실렸습니다. 직원 12명 중 8명을 눈물로 내보냈습니다. 30년 일한 숙련공들입니다. 사장님은 정부에게 눈과 귀가 있는지 묻고 싶다고 하소연했습니다.

문득 궁금해집니다. 아무리 숙련의 해체 시대라고 하지만, 30년 일한 숙련공들에게 왜 최저임금을 줬을까?

경방도 마찬가지입니다. 경방은 100년 된 방직회사입니다. 최저임금 논란이 불거지자, (기다렸다는 듯이) 공장을 베트남으로 옮기기로 했습니다. 수백 명의 직원들이 일자리를 잃게 됩니다. 언론은 최저임금 인상이 저임금 근로자들을 고통으로 몰고 있다고 보도했습니다. 회장님은 20년 넘게 일한 직원들의 일자리를 먼저 걱정했습니다.

그런데 20년 함께한 직원들에게 왜 최저임금을 줄까? 눈물로 떠나보낸다는 직원들에게 왜 여태 최저임금을 줬을까? 100년 된 우리나라의 대표 방직기업은 왜 직원들에게 최저임금만 주는 회사가 됐을까?

자본유보율이라는 지표가 있습니다. (네이버 기업정보에서 쉽게 찾을 수 있습니다.) 기업이 그동안의 수익을 얼마나 쌓아놓고 있는가를 알 수 있습니다. 경방의 자본유보율은 2019년 12월 기준 5,1414.52퍼센트(IFRS 기준)입니다.

물론 기업은 최저임금만 지급하지 않습니다. 상여금이나 여러 복리후생비 등이 임금에 포함돼, 월 급여는 대부분 200만 원을 넘습니다. 하지만 국회는 최저임금 인상분을 상여금이나 복리후생비에서 산입이 가능하도록 문을 열어줬습니다. 상여금이나 복리후생비를 따로 주는 기업은 최저임금을 그만큼 안 올려줘도 됩니다. 최저임금 인상분을 보전해 주기 위한 정부 지원금도 받을 수 있습니다.

최저임금 때문에 공장 문을 닫는다는 설명은 여러 가지로 궁색합니다. 혹시 문을 닫고 싶었는데, 마침 최저임금이 오른 것이 아닐까?

그래서 임금을 안 올리면 경방 같은 기업의 경쟁력이 되살아날까? 경방 같은 기업이 베트남으로 떠나지 않고, 그런 기업이 국내에 1,000개가 더 생긴다면 우리 경제는 좋아질까? 일자리는 늘어나고 우리 경제의 활력은 다시 살아날까? 우리 모두 월 100만 원 받는 1980년대로 돌아가면 비로소 우리 기업들은 경쟁력을 갖추게 될까? 우리 경제는 마침내 저임금 베트남 경제의 꿈을 이루는 것인가?

최저임금은 가파르게 오르지 않았습니다. 주휴수당 등 각종 규정도 엄격해졌습니다. 시간 외 실비를 제대로 지급하는 기업이 늘고 있습니다. 규정대로 유급휴가를 쓰는 직원도 늘어납니다.

자영업자들은 아르바이트 직원들의 4대 보험까지 챙겨야 합니다. 이 와중에 최저임금이 크게 올랐습니다. 자영업자들에게 갑자기 밀린 청구서가 쏟아집니다. 정부가 이런 부분을 간과했습니다. 가뜩이나 자동화를 기다리는 시장에서 최저임금 상승은 그 방아쇠Trigger가 될 수도 있습니다. 그래서 신념만으로 함부로 가격을 조정해서는 안 됩니다. 시장은 생각보다 예민합니다.

2019년 2월의 H신문에 실린 기사를 보면 한 편의점의 1월 매출이 4,200만 원이나 되는데, 점주의 손에 오직 12만 원만 남는 구조적인 원인을 분석하지 못하고, 그 원인을 최저임금 탓으로 돌립니다. 월 4,000여 만 원 매출 중에 건물주나 대기업이 상당 부분 가져가는 수익구조를 지적하지 못하는 언론은 결국 편의점주의 수익이 12만 원인 이유를 최저임금을 받는 직원 탓으로 돌립니다.

(단위:원)	지출	수입
영업이익		1195만(매출 4200만)
본사 가맹료	358만5000	
임대료	100만	
관리비 등 기타	129만5000	
전기세	60만	
전기세 지원금		15만
인건비 (아르바이트 6명)	550만 (4대 보험 포함)	

24
편의점주 김모 씨의 1월 정산 내역

※점주 하루평균 8시간(주5일) 근무, 점주 임차형 점포

정산 결과 12만

H 경제 신문의 '편의점주 1월 정산 내역'

건물주와 대기업 그리고 편의점주, 아르바이트생 중 교섭력이 가장 낮은 사람은 아르바이트생입니다. 그래서 국가가 대신 나서서 이들의 임금을 보장해 주는 제도가 최저임금제입니다. (기본적으로 한국은 자영업 비중이 지나치게 높습니다. 그 경쟁을 가능하게 만든 건 국가 경제력에 비해 턱없이 낮은 저임금 때문입니다. 이 구조는 편의점주의 하루살이를 보장하고 나아가 대기업과 건물주의 막대한 이익을 보장합니다. 막대한 수익을 가져가는 쪽이 수익 일부를 포기하거나 편의점 수가 줄어야 하는데, 우리 언론은 사회적 약자의 저임금 구조를 계속 끌고 가는 쪽으로 해법을 찾습니다.)

최저임금 논란이 일자 정부는 재정지원을 통해 최저임금이 부담이 되는 중소기업과 자영업자를 지원합니다. 9조 원이나 투입합니다. 늦은 감이 있습니다. 여전히 여론은 시큰둥합니다. 급격한 최저임금 인상의 원죄는 여기까지입니다. 이 정도 물으면 됩니다.

기업이 직원들에게 최저임금 수준의 대가밖에 지급하지 못하면서 보란 듯이 문을 닫는 것은 부끄러운 일입니다. 그것은 장사꾼이나 하는 짓입니다. 100년 기업이 최저임금 때문에 무너지다니…. 유럽의 어느 100년 기업이 자신들의 숙련공에게 최저임금을 지급할까.

"열심히 일하는 노동자들이 자신들의 생계를 유지할 수 없을 만큼 저임금을 받는다면 그것은 기업에 악재입니다." 윈스턴 처칠

기업가를 뜻하는 앙트레프레너entrepreneur라는 말은 200여 년 전 프랑스에서 생겨났습니다. 조직하고 경영하는 사람이라는 뜻에서 지금은 혁신하고 창조하는 사람을 일컫습니다. 수십 년 동안 혁신하지 못하고 저임금으로 기업을 경영해 온 사장님이 최저임금을 탓하고 기업 문을 닫는다면, 최소한 그는 기업가가 아닙니다. 장사꾼입니다.

결국 2021년 최저임금은 1.5퍼센트만 인상하기로 했습니다. 무거운 우리 경제, 진짜 최저임금이 주범일까? 시간당 8,720원. 이제 최저임금을 잡았으니, 우리 경제는 다시 살아날까? 경제가 갑자기 어려워진 이유를 우리 사회에서 가장 돈을 적게 버는 사람들 탓으로 돌렸으니, 이제 우리는 더 튼튼해지고 강해질까?

최저임금이 부끄러운가, 이를 볼모로 한 기업가가 부끄러운가.

누가 돈을 쓸 차례인가

흔히 경제 섹터를 정부, 기업 그리고 가계(국민)로 나눕니다. 이들이 한 해 쓰는 돈을 다 합치면 거의 국내총생산, 즉 GDP가 나옵니다. 이들이 돈을 써야 경제가 살아납니다.

코로나19로 또 위기가 찾아왔습니다. 그런데 이 세 개의 경제 섹터 중에 누가 돈을 쓸까. 누가 돈을 쓸 차례일까?

가계는 2014년 무렵부터 돈을 너무 썼습니다. 빚내서 집을 샀고, 지금도 사고 있습니다. 2014년 1,000조였던 가계부채는 2020년 1,600조를 넘었습니다. 소비 여력이 상당 부분이 집에 묶였습니다. 순가처분소득 대비 부채비율이 200퍼센트를 육박합니다. 가구당 쓸 수 있는 돈이 5,000만 원이라면 빚은 1억 원이 쌓여 있는 겁니다. 선진국보다 훨씬 높은 수준입니다.

2008년 금융위기 이후 선진국은 정부부채는 늘었지만 가계부채는 줄었습니다. (정부가 국민 대신 돈을 쓴 것입니다.) 그러니 우리 가계에 돈을 더 쓰라고 하기는 어렵습니다. 쓸 돈도 없습니다.

그럼 기업은 어떨까요? 기업이 돈을 쓰는 것을 투자라고 합니다. 기업 투자만큼 우리 경제에 좋은 게 없습니다. 그런데 우리 기업의 GDP 대비 총 투자율은 31퍼센트 정도입니다. 선진국 어디도 이렇게 투자율이 높은 나라가 없습니다. OECD 국가 중 단연 1위입니다. 그러니 투자율을 더 밀어올리기도 쉽지 않습니다. (물론 삼성 같은 기업들이 투자해 주면 더없이 좋지만) 혹여 과잉투자는 과유불급입니다.

IMF 외환위기도 투자를 하지 않아서가 아니라 지나친 과잉투자로 겪은 것입니다. 당시 우리 기업들은 단기외채를 과도하게 빌려 투자를 하다, 갑자기 돈을 회수한 해외 자본에 속절없이 무너졌습니다. 요즘은 자동화가 심해 투자해 봤자 일자리도 잘 안 늘어납니다. 그럼 이제 누가 돈을 쓸 차례인가?

결국 정부밖에 없습니다. 방법은 거둔 세금보다 재정을 더 쓰는 겁니다. 위기가 찾아오면 멀쩡한 나라들 대부분이 이 적자재정을 시연합니다. 이렇게 풀린 재정은 경기에 마중물이 됩니다. 주머니가 가벼운 국민의 소득은 대부분 곧바로 지출로 이어집니다. 누군가의 지출은 누군가의 소득이 됩니다. 경기가 살아납니다. 케인스가 80여 년 전에 알려준 비법입니다.

문제는 나라 곳간의 재정건전성입니다. 국채를 발행해야 하고, 나라 빚은 그만큼 늘어납니다. 하지만 대부분의 선진국은 적자를 무릅

쓰고 재정을 크게 확대하고 있습니다. 누군가는 정부가 이렇게 돈을 쓰면 재정이 파탄 날 것이라고 합니다. 인구는 줄어드는데, 선진국과 수평 비교는 어렵다고 말합니다. 이렇게 돈을 펑펑 쓰면 언젠가 우리 후손들이 갚아야 한다고 합니다. 이건 절반만 맞는 말입니다.

우리 정부가 발행하는 국채는 원화 표시 부채가 99퍼센트나 됩니다. 정부가 달러로 빌리지 않고 우리 돈 원화로 빌린 것입니다. 회사 채 등 국내 모든 채권의 외국인 투자 비중은 2010년 20퍼센트 수준에서 2019년 말에는 48퍼센트 수준까지 높아졌습니다. 우리 경제 주체들의 신용을 믿고 돈을 빌려주는 겁니다.

그런데 우리 국채의 내국인 보유 비중이 84퍼센트나 됩니다(기획재정부). 다시 말해 정부가 돈을 빌릴 때는 주로 우리 기업이나 국민연금 같은 국내 기관투자자가 참여하는 것입니다. 예를 들어 우리 민간 보험사가 갖고 있는 국채 잔고만 2019년에 195조, 시중은행은 264조가 넘게 우리 정부의 국채를 보유하고 있습니다. (구축효과 crowding-out effect 라고 합니다. 정부가 재정지출을 늘리기 위해 국채를 발행하면 시중 투자자들이 인수하는데, 이 경우 투자자들의 주머니가 그만큼 졸아드는 문제가 생깁니다. 국채 발행이 늘어나면, 시중 채권 공급이 늘어 채권값이 하락하고 채권 수익률이 높아집니다. 채권금리가 오르면 기업의 자금조달비용이 높아지면서 투자는 다시 어려워집니다.)

만약 외화표시채권이라면 해외에서 빌려, 주로 해외투자자에게 갚아야 합니다. 쉽게 말해 '생판 모르는 남에게 빌린 돈'입니다.

IMF 외환위기 때처럼 위기가 찾아오면 해외 투자자들은 순식간에 돌아섭니다. 평소 채권을 잘 연장해 주던 해외 기관들이 갑자기 채권을 회수합니다. 차환(채권만기연장)도 안 해줍니다. 새로 국채 발행도 어려워집니다. 외국인들은 앞다퉈 국내에 투자된 달러를 회수해 자국으로 돌아갑니다. 이 경우 우리 돈 원화가격은 폭락하고, 그럼 우리가 갚아야 할 달러 빚의 양이 비 맞은 솜처럼 무거워집니다.

하지만 지금 우리 국채는 모르는 사람이 아닌 같은 마을 친구에게 빌린 돈과 같습니다. 상대적으로 시장 위험에 대응하기가 쉽습니다. '신한은행이 보유하고 있는 대한민국 국채를 경제위기가 온다고 환매에 나설까?' 오히려 국민연금이 더 국채를 인수하면서 다 같이 사는 방법을 찾을 것입니다. 그러니 지금 우리 정부의 부채는 깊이 들여다보면 매우 건전한 빚입니다. (물론 이 정부 부채도 당연히 적을수록 좋습니다.)

일각에선 정부가 돈을 더 풀기 전에, 세금을 더 깎아 주자고 주장합니다. 시민들의 주머니를 세금으로 털어서 다시 시민들에게 돌려주면 무슨 효과가 있느냐는 것이죠. (세금을 줄여 시민들의 주머니를 두둑하게 해줘서 민간에서 지출을 늘리는 방식입니다. 트럼프 대통령도 이 카드를 또 꺼냈습니다. 참으로 해묵은 경제학 논쟁입니다.)

하지만 정부가 재정 투입을 확대하면 돈은 가난한 곳에 먼저 들어갑니다. 대신 세금은 부자가 더 내야 합니다. (우리 급여 생활자의 절반, 또 자영업자의 절반은 이미 1년에 소득세를 한 푼도 내지 않습니다.) 그러니 재정지출이 늘면 중산층과 부자들의 부담이 커집니다. 반대로 감세를 하면 부자나 대기업이 세금을 덜 내게 됩니다. 부자가 먼저 이익을 보고 더 큰 이익을 봅니다. 저소득층은 당장 손에 쥘 게 없습니다.

그런데 이런 말은 잘 안 합니다.

코로나19로 인한 위기가 찾아오고, 정부는 2020년 상반기 60조 원 이상 예산을 늘렸습니다. 하지만 정부가 예산을 확보한 뒤에 제대로 쓰기도 쉽지 않습니다.

메르스가 덮쳤던 2015년, 그때도 11조 원의 추경이 국회를 통과했습니다. 잘 썼을까? 그해 정부 예산은 375조 원이었습니다. 그런데 결산 지출액은 372조 원이었습니다. 추경은커녕 애초에 잡았던 예산조차 다 못 썼습니다.

가계는 쓸 돈이 없고, 기업은 쓸 만큼 쓰고 있습니다. 우리는 GDP에서 기업의 투자와 가계지출 비중이 매우 높은 반면, 정부의 지출 비중은 매우 낮습니다. 상대적으로 정부가 돈을 덜 쓰는 나라입니다. 물론 재정건전성은 매우 중요한 지표입니다.

사실 우리 관리재정수지(해마다 총지출에서 총수입을 뺀 통합재정수지에서 미래에 쓸 돈인 사회보장성 기금을 뺀 수지)는 해마다 큰 폭으로 적자를 보입니다. 여기에 미래에 지출이 예정된 정부의 각종 사회보장성 기금까지 포함하면 국가 부채는 생각보다 빠르게 늘어나고 있습니다. 그래도 곳간을 열 수 있는 곳은 정부밖에 없습니다.

Q 다음 나라들의 공통점은 무엇일까?

한국 호주 룩셈부르크 노르웨이 스위스 독일 스웨덴

OECD가 지구에서 정부 곳간의 장부 상태가 가장 좋다고 평가한 나라들입니다(2016년). 한국의 재정은 상대적으로 매우 건강하다는 평가를 받아왔습니다. 식당의 매출 대비 부채 비율 같은, GDP 대비 정부 부채비율을 볼까? 아래 그래프를 보시죠.

여러 지표가 아직 재정확대가 가능하다는 것을 보여줍니다. IMF는 2020년 8월, 한국경제보고서에서 '국가부채 여력을 적절하게 활용해 경기를 방어하고 있다'라고 평가했습니다. 그러니 재정확대가 최선인 셈입니다.

2008년 글로벌 위기 이후 선진국의 국가부채는 25조 달러에서 45조 달러로 거의 두 배가 늘었습니다. 정부 재정에 여유가 있어서가 아니라, 정부밖에 할 수 없기 때문입니다.

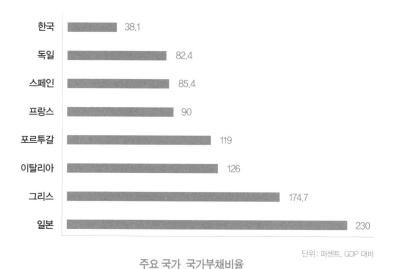

한국	38.1
독일	82.4
스페인	85.4
프랑스	90
포르투갈	119
이탈리아	126
그리스	174.7
일본	230

단위 : 퍼센트, GDP 대비

주요 국가 국가부채비율

독일은 유독 균형재정black zero에 집착하는 나라입니다. 제1차 세계대전 패망 이후 전쟁보상금을 갚는 과정에서 천문학적인 화폐를 발행했고 이후 끔찍한 하이퍼인플레이션을 경험했습니다. (그 고통에서 벗어나기 위해 독일 시민들은 총선에서 히틀러를 선택했습니다.)

메르켈 총리의 공약에는 늘 균형재정 약속이 있었습니다. 하지만 2020년 상반기 독일은 GDP 대비 9.4퍼센트의 추가재정을 집행했습니다. 미국은 12.3퍼센트, 일본은 11.3퍼센트, 영국은 6.2퍼센트를 추가로 집행했습니다. 우리는 2020년 8월까지 67조 원, GDP 대비 3.5퍼센트 수준입니다.

위기가 찾아왔습니다. 재정건전성이라는 목표는 금과옥조일 수도, 도그마dogma일 수도 있습니다. 선택의 문제입니다. 선진국이 폭포수처럼 재정을 확대하고 있습니다. 경기가 차갑게 식어갑니다. 자영업자는 절박해졌습니다. 비정규직 근로자는 속절없이 일자리를 잃고 있습니다. 이 파장은 곧 중견기업과 대기업으로 번질 것입니다.

경험해 보지 못한 위기의 시대. 안개가 걷히면 누군가는 또 벼랑 끝에 서 있을 겁니다. 사회 말단을 덮쳐오는 '가구의 몰락'과 '조용한 죽음'은 우리 눈에 잘 보이지 않습니다. 지금도 하루 38명이 자살하는 나라(「2019 사망원인 통계」 통계청). 정부가 존재하는 이유는 무엇일까?

누군가 돈을 더 써야 한다면, 정부가 돈을 더 풀 시간입니다.

그녀는 우리에게 돈을 얼마나 벌어줬을까

모두가 압니다. 2020년 성장률 전망은 어둡습니다. 1929년 대공황 수준입니다. OECD의 9월 전망에 따르면 일본은 −5.8퍼센트, 영국은 −9.5퍼센트, 프랑스는 −10.1퍼센트입니다. 우리와 경제 규모가 비슷한 이탈리아(-10.55퍼센트)와 캐나다(-5.8퍼센트), 호주(-4.1퍼센트), 러시아(-7.3퍼센트)도 모두 곤두박질쳤습니다.

OECD는 한국은 −1.0퍼센트 성장할 것으로 전망했습니다. 이렇게 되면 2020년 말에 우리는 GDP 규모가 두어 계단 더 올라섭니다. GDP대비 세계 7~8위의 경제대국이 됩니다. (숫자가 뭐 얼마나 중요할까요. 국민의 삶이 숫자보다 중요합니다.)

만약 올해 우리가 다른 OECD 국가 중 제법 선전한 호주(-4.1퍼센트)만큼만 경제가 망가진다면 어떨까? 우리 GDP는 2019년 기준 1조

	이탈리아	프랑스	러시아	캐나다	일본	호주	한국

2020년 주요국 성장률 전망

단위: 퍼센트
출처: OECD

6,421억 달러입니다. 사라지는 4.1퍼센트를 돈으로 환산하면 673억 달러쯤 됩니다. 우리가 한 해 생산한 부가가치 79조1,000억 원 정도가 허공으로 사라집니다. 이 중 절반(참으로 대충이지만)이 정은경 질병관리청장과 중앙재난안전대책본부(중대본)가 잘해서 지켜낸 것이라고 가정해도 40조 원가량입니다.

비교적 선방한 경제는 눈에 보이지 않는 수많은 비용을 줄입니다. 코로나19로 나락으로 떨어진 가정이 10에서 8로 줄었다면, 의료비도 그만큼 줄었을 것입니다. 코로나19로 직장을 잃은 근로자가 10명에서 7명으로 줄었다면, 음주운전으로 인한 사회적 비용도 그만큼 줄었을 것입니다. 한강공원이 개방되면서 더 팔린 치킨의 매출은? 전 세계에서 프로야구가 가장 먼저 재개되면서 얻은 효용과 탕정의 삼성 반도체 공장이 멈춰 서지 않으면서 지킨 기회비용은 얼마나 될까?

2020년 9월 우리 정부는 외환보유고를 더 채워놓기 위해 해외에서 외국환평형기금채권(외평채)을 발행했습니다. 유로채권 시장에서 5년 만기로 7억 유로를 발행했습니다. 그런데 마이너스 금리로 발행됐습니다. 이자율이 −0.059퍼센트입니다. 한국 정부가 9,572억 원을 빌리는데, 돈을 빌려주는 채권자가 오히려 우리 정부에게 이자를 줍니다. 더 쉽게 말하면 우리 정부가 7억200만 유로를 빌리고 10년이 지나 7억 유로만 갚으면 됩니다. 물론 사상 처음입니다

천문학적으로 지구촌에 풀린 돈을 어딘가 투자해야 하는데, 한국 정부가 발행하는 국채가 안전하고 수익성도 높아 보인 것입니다. 그렇게 서로 우리 국채를 인수하려고 하다 보니, 우리 정부가 '그럼 이자 안 줘도 될까?' 하고 채권을 발행했는데 다들 인수하겠다고 나선 겁니다. (그렇게 인수한 우리 국채의 가격이 시장에서 오르면, 그 투자자는 이윤을 남기고 되팝니다. 투자자들이 마이너스 이자율로 발행되는 채권을 인수하는 이유가 여기에 있습니다.)

이 튼튼한 국가신용을 만드는 데 정은경 청장과 중대본은 몇 퍼센트나 기여했을까? 그들의 사회적 기여는 수많은 경제적 효과로 이어집니다. 흔들리는 경제를 버티게 합니다. 그야말로 '방역보국'입니다. 다만 눈에 보이지 않을 뿐.

비단 방역 당국의 역할뿐일까. 우리는 기대 이상으로 이 바이러스와 잘 싸우고 있습니다. 이미 우리는 바이러스를 향한 사회적인 스크럼을 짰습니다.

이 싸움은 일상이 됐습니다. 방역 당국에 매일 확진자 동선을 제공

하는 SKT 기술진이나, 일요일에도 자가격리자를 체크하러 출근하는 구청공무원, 백화점 엘리베이터 손잡이를 하루 열 번씩 닦는 환경미화원도 사실 우리 모두 그 전선에 있습니다. 우리는 진짜 잘 해내고 있습니다. 우리 현대사에 이렇게 확실하게 선진국보다 더 성과를 낸 적이 있었나요.

미국에선 이미 20만 명이 세상을 떠났습니다. 그런데 신문을 보면 우리는 매일 아침 서로를 물어뜯습니다. 곧 나라 망할 분위기입니다.

2020년 9월, 《월스트리저널》은 다시 한국의 방역 성공을 심층 분석했습니다. '한국이 코로나19 방역의 암호를 풀었다'라면서 '그것은 간단하고, 유연하며, 다른 나라가 따라 하기 쉽다'라고 추켜세웠습니다. 올해 한국의 성장률이 OECD 국가 중 최고라고 또 강조했습니다. 그런데 우리 언론만 보면 곧 나라가 망하는 분위기입니다.

어떤 정책이, 어떤 정책 당국자의 결정이 시장에서 얼마만큼의 효용이 있는지 계산할 수는 없습니다. 박정희의 경부고속도로도, 노무현의 한미FTA도 그렇습니다. 하물며 코로나19로 숨진 한 명의 목숨에 대한 가치나, 코로나19로 숨질 수 있었던 한 명의 목숨을 살려낸 가치를 어떻게 GDP 값으로 치환할 수 있을까? 그래도 그 가치는 엄연히 우리 시장에 파고들어 오늘 우리 일상에 영향을 미칩니다. 다만 체감하지 못할 뿐입니다.

위기가 계속되니 공치사는 나중에 더 자세히 하기로 합시다. 그래도 전 세계가 인정하는데 우리는 평가가 너무 박합니다. 박하다 못해 혼들기까지 합니다.

우리 경제가 이 초유의 위기를 이 지구에서 제일 잘 견뎌내고 있다면, 그것은 우리 모두를 격려하고 박수칠 일입니다. 서로 상처 낼 일이 아닙니다. 그리고 누군가는 큰 역할을 한 게 틀림없습니다. 한 번쯤 감사할 시간입니다.

'전생에 나라를 구했다'는 말이 있습니다. 그녀의 후생에도 이 사실을 누군가 기억해 주었으면 좋겠습니다.

미국이 무한정 달러를 찍어내도 지구 경제에 별 탈이 없다면

나는 오늘 왜 출근하는 것일까.

돈이
범람하는
세상

급한 돈, 중앙은행이 찍어드립니다

 돈을 도대체 얼마나, 언제까지 풀 수 있을까? 위기가 찾아오고, 돈이 정말 끝장으로 풀립니다. 결국 또 집값이 흔들립니다. 그런데 시장에 돈을 부으면 금방 말라버립니다. 그러니 또 풀어야 합니다. 자꾸 풀어야 합니다. 그런데도 인플레이션이 없습니다. 이상합니다. 그러니 정부와 중앙은행이 안심하고 더 돈을 풀어냅니다. 그 돈은 어디로 갈까?

 마이클이 긴급재난지원금으로 맥주 한 잔을 마셨다. 맥주는 카스를 마셨다. 카스는 OB맥주에서 만든다. OB맥주는 다국적 기업 AB인베브 소유다. 2019년 OB맥주는 4,090억 원의 영업이익을 올렸다. 그런데 단순 투자자인 AB인베브는 4,390억 원을 배당받았다.

마이클이 마신 맥줏값의 일부는 해외로 빠져나갑니다. 거대한 자본에게 돈이 빠져나가는 구조가 예전보다 크고 견고해졌습니다.

혹시 지난주에 스타벅스를 몇 번이나 갔나요? 코리아 스타벅스의 1년 매출이 1조 원을 뛰어 넘었습니다. 돈은 이렇게 어디론가 새어 나갑니다.

> 줄리엣은 모 프랜차이즈점에 치킨 한 마리를 주문했다. 그 회사는 주인이 바뀌면서 모 사모펀드에 1,482억 원을 빌렸다. (MBO방식으로) 연 15퍼센트 이자를 주기로 했다. 해당 프랜차이즈 회사는 2019년 900억 원의 영업이익을 올렸다. 돈을 빌려준 사모펀드는 이 중 222억 원을 가져간다.

요즘은 돈을 이렇게 벌어들입니다. 오늘도 가맹점주들은 열심히 닭을 튀기고, 이익금의 상당 부분은 그들이 한 번도 만나본 적이 없는 투자자에게 갑니다.

거대자본에게 돈이 들어가면 뭐가 문제일까? 돈이 넘치니 잘 쓰지 않습니다. 투자처를 잘 못 찾습니다. 뭉칫돈이 시장으로 흘러나오지 않고(투자되지 않고), 은행 곳간에 부동자금으로 잠깁니다. 그러니 또 시장에 돈이 마릅니다. 정부나 중앙은행은 돈을 다시 풀 수밖에 없습니다. 그렇게 쌓인 부동자금이 1,100조 원을 돌파했습니다.

한쪽에선 돈이 마르고, 한쪽에선 부동자금이 넘칩니다. 방법은 또 돈을 풀어내는 것밖에 없습니다. 돈을 푸는 방식도 과감해지고 새로

위집니다. 경제학 교과서의 이론들은 하나같이 색이 바랩니다.

다음은 돈을 푸는 아주 원시적인(?) 방법들입니다.

① 기준금리

이제 더 내릴 것도 없습니다. 대부분의 선진국이 기준금리가 0퍼센트입니다. 미 연준은 2020년 9월에 '2022년까지 기준금리 계속 0퍼센트로 갑니다'라고 선언했습니다. 더 세일할 것도 없는 백화점이 '이번 세일 내년 연말까지 합니다'라고 광고하는 것 같습니다.

② 재정

기준금리를 낮출 수 없다면, 케인스가 알려준 것처럼 이제 정부가 마구 재정을 확대해야 합니다. 재정은 국민 세금으로 채운 곳간에서 나라 살림을 위해 쓰는 돈입니다. (중앙은행이 현금을 찍어 시중에 공급하는 통화와 전혀 다른 영역입니다.) 그런데 균형재정이란 뭘까?

'GDP 대비 부채비율' 같은 통계는 1980년대 '자가용 보유율' 같은 통계가 돼버렸습니다. 유로존의 코로나19 극복을 위한 추가재정은 5,000억 유로를 넘어갑니다. 유럽중앙은행 ECB는 2020년 유로존 각국의 재정적자가 올해 GDP의 8퍼센트에 달할 것으로 전망했습니다. (재정적자는 세금을 거둔 것보다 정부가 지출을 더 할 경우 발생합니다. 2020년 상반기 코로나19로 인한 위기로 정부 수입에서 정부 지출을 뺀 통합재정수지는 90조 원이나 적자를 기록했습니다.) 재정적자가 절대로 GDP의 3퍼센트를 넘기면 안 된다는 '3퍼센트 룰rule'은 휴지통으로 들어갔습니다. 국채이자율이 바닥인 건 그나마 다행으로 봐야 할까?

③ 양적완화

정부가 국채를 잔뜩 발행하면 몇 가지 부작용이 따릅니다. 국내 투자자가 그 국채를 인수하면 시중 자금이 마릅니다. 돈 풀려고 국채 발행을 하는데 시중의 돈이 마르면 말짱 도루묵입니다.

또 하나, 국채발행이 이어지면 채권값이 떨어지고, 그럼 채권금리가 올라갑니다. (채권값과 채권의 수익률은 반대로 움직입니다. 시장에서 채권의 수요가 높아져서 채권값이 오르면, 채권을 발행하는 기업이나 정부는 당연히 이자율을 낮춰 채권을 발행합니다. 그렇게 채권이자율이 낮아집니다. 수익률이 떨어집니다. 반대로 시장에서 채권값이 떨어지고 채권의 인기가 시들해지면(아무도 채권을 인수하려고 하지 않으면) 기업이나 정부는 발행 이자율을 높입니다. 채권 수익률이 높아집니다.) 기준금리를 애써 낮춰놨는데 금리가 올라가면 안 됩니다. 무슨 방법이 없을까?

은인자중하던 중앙은행이 나설 시간입니다. 비단 미 연준과 ECB만 가능한 건 아닙니다. 한국은행이 시중 채권을 사들이면 됩니다. 그럼 현금이 정부로 가고, 채권은 한국은행 곳간에 쌓입니다. 이른바 양적완화입니다. 돈이 양적quantitative으로 완화easing되는 겁니다.

이번에도 한국은행이 10조 이상 국고채를 인수해 주기로 했습니다. 이제 정부는 안심하고 국채를 발행할 수 있습니다. 그럼 조폐창은 조용히 현금을 찍으면 됩니다.

'중앙은행의 정부로부터의 독립'과 같은 이야기는 교과서에서나 찾

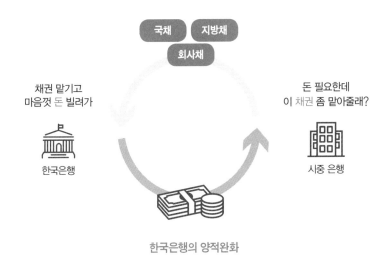

채권 맡기고
마음껏 돈 빌려가

돈 필요한데
이 채권 좀 맡아줄래?

한국은행

시중 은행

한국은행의 양적완화

아야 합니다. 정부가 한국은행의 통화정책에 대해 언급을 금기시하는 시대는 지났습니다. 지금은 기획재정부 장관이 기자들 앞에서 한국은행의 역할을 주문합니다. 위기 앞에서 정부와 중앙은행은 '환상의 커플'이 됐습니다. 돈의 무한 발행 공식은 이렇게 바이러스처럼 전 세계에 번지고 있습니다.

돈을 마구 발행하면 죄악(?)입니다. 시장경제의 가장 근본입니다. 이유는 돈의 가치를 떨어트리기 때문입니다. 대원군의 당백전도 그래서 '나쁜 돈'입니다. 그런데 돈을 마구 공급해도 돈의 가치가 잘 안 떨어집니다. 호환마마보다 무섭다는 인플레이션이 발생하지 않습니다. 돈이 시장에 넘쳐나기 전에 어디론가 새나간다는 뜻입니다. 어딘가 큰 구멍이 뚫린 것 같습니다.

급기야 무한통화발행의 시대를 이야기합니다. 서점가에 현대화폐

이론MMT, Modern Monetary Theory이 쏟아집니다. 국채발행보다 중앙은행의 통화량 공급이 답이라고 합니다. 더 이상 금리를 낮출 수 없는 중앙은행의 '물가안정'이라는 역할은 끝났습니다. 이제 무한 채권매입으로 역할이 옮겨갑니다.

기획재정부는 재정공급처, 한국은행의 경기부양부처로 진화 중입니다. 각국의 중앙은행은 진정한 최후의 대부자lender of last resort가 되려나 봅니다.

재정을 확대하고 경기가 살아나자 '우린 모두 케인스의 넥타이를 맸다'라고 외쳤습니다. 중앙은행이 통화량을 무한 공급하는 시대, CNBC의 앵커가 방송에서 "우린 모두 MMT 지지자가 됐다"라고 외칩니다. 이 새로운 통화 시험은 얼떨결에 현실이 되고 있습니다.

그래도 풀리지 않는 궁금증이 있습니다. 도대체 그렇게 많이 푼다는 돈은 왜 나에게만 오지 않을까? 그것은 정부와 중앙은행이 조만간 또 돈을 풀 이유가 됩니다. 그렇게 다시 또 돈이 풀립니다. 물론 그 돈 역시 잠깐 스쳐갈 뿐이지만.

또다시 중앙은행이
윤전기를 돌릴 시간입니다

 다시 위기입니다. 검찰의 시간도 법원의 시간도 아닌, 중앙은행의 시간입니다. 어금니 꽉 깨물고 현금을 찍어냅니다. 2000년 상반기, 미 연준은 3,500조 원을 풀었습니다. 돈의 쓰나미가 몰려옵니다. 바이러스가 이길까, 돈이 이길까? 분기당 수백만 명이 일자리를 잃고 있는 미국에선, S&P지수가 사상 최고치를 갈아치웁니다.

 지구인들은 정부 재정이 부족하면 중앙은행이 현금을 마구 찍어내면 된다는 사실을 알아차렸습니다. 몇 해 전에도 천문학적인 양적완화를 했는데, 좀처럼 돈의 가치가 안 떨어집니다. 그리고 다시 찾아온 코로나19로 인한 위기. 이제 보란 듯이 윤전기를 돌릴 시간입니다. 화폐를 잔뜩 찍어내 혼쭐이 난 로마의 황제들이나 흥선대원군은 얼마나 억울할지….

미 연준이 다시 헬기에서 달러를 뿌립니다. 양적완화 시즌2입니다. 방법은 시즌1과 비슷합니다. 시중 국채나 MBS 같은 채권을 사들입니다. 채권을 사들이면 연준의 현금이 시중은행으로 흘러가고 시중은행이 그 돈으로 대출을 늘립니다. 시중에 돈이 더 돌도록 하는 겁니다. 자꾸 채권을 사들이자 연준 곳간에는 우리 돈 7,000조 원 정도의 채권이 쌓였습니다. 물론 모니터상의 숫자일 뿐이지만.

특이한 것은 이번엔 코카콜라 같은 회사채도 사들인다는 점입니다. 갑자기 신용등급이 떨어진 기업을 콕 찍어서 현금을 찔러줍니다. 뭐가 어때요? 최후의 대부자인데요. 중앙은행도 신한은행이나 저축은행처럼 어쨌든 은행일 뿐인데.

양적완화 시즌2에는 우리 한국은행도 출연합니다. 2020년 4월, 우리도 시중 채권을 마음껏 사주기로 했습니다. 석 달간 무제한입니다. 이른바 한국판 양적완화의 시작입니다. (한국은행 부총재가 양적완화라고 했으니, 양적완화라고 불러도 될 것 같습니다.)

이렇게 합니다. 매주 화요일 한국은행에선 대출 잔치가 벌어집니다. 시중은행이 가진 환매조건부채권RP을 무제한 사들입니다. 사실은 시중은행들이 가진 여러 채권을 맡기고 돈을 빌려가는 구조입니다. "돈 필요한 사람 다 모여! 고고!"

이자율은 0.78퍼센트, 거의 공짜죠. 그러니 시중은행은 이렇게 한국은행에서 빌려온 돈에 조금만 이윤을 붙여 대출해 주는 것이 가능합니다. 한국은행이 의도적으로 이렇게 시중 이자율을 낮추는 겁니다. 한국은행은 기업들의 회사채·기업어음CP도 사들입니다. 미 연준처럼 직접 사들이진 못하고, 대신 기업유동성지원기구^{SPV}를 만들었습니다. 한국은행이 SPV에 돈을 채워놓으면, SPV가 기업들의 채권을 수조 원어치씩 사들입니다.

주로 코로나19로 신용등급이 급락한 기업이 대상입니다. 현금이 급한 기업들이 이렇게 회사채를 발행해 급전을 구할 수 있습니다. 결국 부실기업을 정부가 지원하는 것을 넘어, 발권력이 있는 중앙은행이 위험기업을 지원하는 시스템이 만들어진 겁니다.

이렇게 쉬울 수가! 이제 돈이 필요하면 중앙은행이 발권 버튼을 누르기만 하면 됩니다. "혹시 돈 필요하세요? 중앙은행이 찍어드립니다."

이렇게 중앙은행이 채권을 사들이면 금융시장의 채권수요가 높아집니다. 채권값도 배춧값하고 똑같습니다. 수요가 높아지면 시장에서 채권값이 올라갑니다. 채권값이 오르면 채권 이자율이 내려갑니다. (다들 채권을 인수하겠다고 덤비는데, 기업이 이자를 많이 줄 리가 없습니다.) 이렇게 기업의 자금 조달 비용이 낮아집니다. 기업 돈줄의 숨통을 열어주는 겁니다.

그런데 중앙은행이 회사채를 잠깐 맡아뒀는데, 그 회사가 망해버리면 어떻게 될까? 중앙은행 곳간에 넣어둔 회사채는 휴지가 될 텐데, 그렇게 되면 부실이 중앙은행으로 넘어옵니다. 그래서 미국은 연방정부가 연준이 인수하는 회사채에 보증을 해줍니다.

우리는 정부 보증이 없습니다. 그래서 한은은 갑자기 어려워진 기업 중 부실한 기업(?)은 제외하고 회사채를 인수하기로 했습니다. 안 망할 회사만 골라 급전을 빌려준다는 뜻입니다.

진짜 다른 점이 또 있습니다. 달러는 전 지구에서 유통됩니다. 하지만 원화는 주로 한반도에서만 쓰입니다. 그러니 달러는 아무리 찍어내도 좀처럼 가치가 안 떨어집니다. (작은 방보다 큰 방에서 방귀를 뀌면 냄새가 희석되는 것과 같습니다.) 우리 원화는 시장이 좁다 보니 자칫하면 넘칠 수 있습니다. 이 경우 파도처럼 넘나드는 투기자본과 맞물려 원화가치가 폭락할 수도 있습니다. 외환위기가 오는 겁니다.

누군가 "미 연준은 ICBM 쏘는데 한은은 왜 M16만 쏘느냐?"라고 묻던데, 이런 이유로 한은은 소총만 쏘는 겁니다.

몇 가지 고민할 문제들이 있습니다.

한국은행이 발권력을 동원해 기업을 살린다면, 그 권리는 누가 준 것일까? 그 기준은 누가 정할까? 재정을 한 푼이라도 쓰려면 국회의 허락을 받아야 합니다. 그런데 한국은행이 시장에 돈을 공급하는 문제는 누구 허락을 받을까?

이렇게 되면 정부는 돈이 궁할 때마다 한국은행을 바라볼 겁니다. 세금을 더 거둘 필요가 없습니다. 재정과 통화의 구별이 모호해집니다. 만약 대우조선을 지원하기 위해 산업은행이 공적자금을 지출하는데 한국은행이 이를 보증한다면, 그 돈은 재정인가? 통화인가? 민간자금인가? 기준이 모호해지면 책임도 모호해집니다.

그리하여 태풍이 멈추고 나면, 이렇게 풀린 돈은 누구의 주머니에 들어가 있을까?

중앙은행의 역할이 변합니다. 전쟁이 난무하던 19세기 영국 왕실은 전쟁채권을 계속 찍어냈고, 영란은행은 끝없이 이를 인수해 조국을 구합니다. 당시 영란은행의 역할을 규정한 문서를 보면, 초기의 금융 불안이 공황이나 광기로 발전할 수 있다며 중앙은행의 역할을 '금융시장 안정'으로 규정한 대목이 나옵니다. '볼커 룰'로 유명한 폴 볼커Paul Volcker도 연준의 설립 목적이 금융시장 안정이라고 했습니다.

글로벌 위기가 반복됩니다. 전 세계가 중앙은행 윤전기에 기름을 칠하고 있습니다. 화폐 가치가 퇴색할 때 제국의 권세도 시들었습니다. 그렇게 찍어내는데 도대체 달러 가치는 언제 떨어질까?

한국은행도 양적으로 돈을 완화할 시간입니다. "물가안정을 도모해 경제발전에 이바지한다"는 한국은행법 1조는 이제 해묵은 경제학 교과서가 됐습니다. 서울 중구 남대문로에 있는 한국은행 본점에 경기부양의 깃발이 나부낍니다. 그러고 보니 한국은행 현관에 '물가안정'이라고 써 있는 액자는 이번 주말쯤 별관 구내식당으로 밀려날지도 모르겠습니다.

FED의
MBS 일병 구하기

타이거즈 마을에 100가구가 대출을 받아 집을 분양받기로 했다. 마이클은행은 이들 가구에 각각 1억 원씩 모두 100억 원을 대출해 줬다. 집값이 오르면서 이웃 자이언츠 마을 주민 100명도 마이클은행에 돈을 빌리러 왔다. 하지만 마이클은행에는 더 이상 대출을 해줄 돈이 없다.

대신 마이클은행에는 타이거즈 주민들에게 대출을 해준 대출증서가 있다. 이 증서에는 타이거즈 주민들이 100억 원의 돈을 빌렸으며, 이를 위해 담보로 잡은 주택의 저당권이 표시돼 있다. 이들이 약속대로 돈을 잘 갚아나간다면 20년 후에 이 채권은 이자를 포함 200억 원의 가치가 있다.

마이클은행은 이 대출증서를 갖고 시내에 있는 KBO은행을 찾앗다. KBO은행은 이 대출증서를 130억 원에 인수한다. 마이클은행에 또 돈이 생겼다. 이제 이 돈을 자이언츠 주민들에게 빌려주면 된다. 그러자 이번엔 저 멀리 트윈스 주민들이 찾아왔다. 마이클은행은 이제 걱정할 게 없다. 주민들이 대출금만 꼬박꼬박 갚아준다면 빌려줄 돈은 얼마든지 마련할 수 있다. 주택저당증권MBS, Mortgage Backed Securities의 원리다.

은행은 이렇게 주택대출 자금을 마련합니다. 돈을 빌려준 모기지 회사가 돈을 빌려준 증서를 유동화전문회사SPC에 팔면, 유동화전문회사는 이를 담보로 하여 MBS라는 상품을 발행해서 더 큰 투자자에게 판매하는 겁니다. 그럼 골드만삭스 같은 회사는 이 채권을 꾸러미로 묶어서 여러 다른 금융파생상품을 만듭니다. 그 기초가 되는 대표적인 채권이 바로 MBS입니다. 미국에서 미 국채 다음으로 비중이 높은 채권도 MBS입니다.

미국의 MBS 시장은 우리 돈 9,000조 원 정도로 추정됩니다. 중앙은행이 돈을 새로 발행하지 않아도 얼마든지 무한대로 돈을 공급할 수 있습니다. 덕분에 소비자들은 집값의 20~30퍼센트만 다운페이하고 집을 살 수 있습니다.

문제는 집값이 내릴 때입니다. 대출금을 갚지 못하는 가구가 늘어납니다. 연체가 계속되면 누구든 해당 MBS 발행도 어렵고 팔기도 어렵습니다. 그럼 MBS의 이자율을 올려주는 방법밖에 없습니다. 수익률을 올려줘야 누구든 살 테니까. MBS의 수익률과 미 국채금리와의 격차(스프레드)가 확대됩니다.

이 경우 주택금융을 하는 은행들은 더욱 자금 조달이 어려워집니다. 주택대출이 어려워지면 집에 대한 수요가 더 낮아지고, 집값 하락은 가중됩니다. 대출금을 못 갚는 가구가 더 늘어납니다. 연체율이 높아지면 해당 MBS로 만든 수많은 파생상품이 결국 어디선가 부도가 나게 됩니다. 2007년 서브프라임모기지 사태도 그렇게 시작됐습니다. (이 경우 MBS 등 채권을 버무려 만든 파생상품에 투자한 소비자는 영문도 모르고 원금 손실을 보게 됩니다.)

코로나19 위기로 미국의 주택시장이 흔들리자, 또 MBS의 스프레드가 한 달 새 두 배씩 치솟았습니다. MBS가 편입된 수많은 펀드상품의 환매 요청이 빗발칩니다. 누군가 애물단지 MBS를 사줘야 합니다. 그러자 양적완화에 나선 연준FED이 MBS를 천문학적으로 사들이고 있습니다. '위험하다고 안 팔리는 건 모두 내가 다 사줄게!' 연준은 지난 2008년 서브프라임모기지 사태 당시에도 (우리 주택은행 같은) 페니메와 프레디맥의 MBS를 천문학적으로 사들였습니다.

연준은 이번 코로나19 위기에도 시중 MBS의 3분의 1가량을 사들일 것으로 예상됩니다. 소비자들의 부동산 투기 욕심, 모기지 회사와 민간은행들의 탐욕의 결정체인 MBS에 문제가 터지면 중앙은행이 나서 불을 끄는 구조가 자리를 잡았습니다. (연준이 인수한 MBS가 부도가 나면 어떻게 할 것인가 같은 상투적인 질문은 위기가 끝난 다음에 고민하기로 합니다.)

발권력을 동원해 뭐든 다 사들일 수 있는(물론 장부상이지만) 연준의 양적완화에 대해서는 두 가지 전혀 다른 해석이 가능합니다. 대규모 회사채를 인수하는 등 기업의 자금 숨통을 터주고, 이를 통한 대량 실업을 막으면 주택시장의 연체도 그만큼 줄어듭니다. MBS도 대량 인수해 주택금융의 부실을 막아줍니다. 연체도 줄이고 돈줄도 트이게 해주는 겁니다.

문제는 이렇게 풀린 천문학적인 돈이 다시 투자로 이어지지 못하고, 부동산이나 주식시장으로 흘러들어간다는 점입니다. 위기의 아픔은 금방 잊힙니다. 다시 국민들의 투기심리가 살아납니다. 너도나도 다시 투기 행렬에 동참하고 부동산이나 주식 같은 자산가격이 급등합니다. 거대기업과 거대자본이 막대한 이윤을 챙깁니다. (위기가 반복될수록 이른바 재난 자본주의가 작동해 거대자본의 배만 불린다는 지적이 이어집니다.)

그리고 그 자산시장은 언젠가 얼어붙고 가격이 급락합니다. 고점에 참여한 다수 대중이 또 손실을 봅니다. 이렇게 격차는 더 커집니다. 그럼 또 연준이 나설 시간입니다. 딱히 방법은 없습니다. 또 돈을 찍어내야죠. 그리고 MBS 같은 채권을 천문학적으로 사들입니다. 위기가 되풀이되고 금융시장의 불안도 되풀이됩니다.

분명한 건 하나입니다. 돈이 지금보다 훨씬 더 양적으로 완화될 것이라는 점입니다.

세상에 이런
자유무역은 없었다

어느 카지노에서 프랭크만 계속 돈을 딴다. 보다 못한 카지노 주인이 그를 불렀다. 딴 돈의 절반만 주겠단다. 프랭크는 꼼짝 없이 딴 돈의 절반만 챙기고 카지노를 떠났다. 그는 왜 카지노 주인의 강요를 받아들였을까.

1980년대, 조용하고 튼튼한 축소 지향의 신제품들이 미국 시장을 파고듭니다. 패전국 일본이 만든 제품들이 승전국 미국에서 불티나게 팔립니다. 1985년 9월 22일, 미국은 수출 대국 일본을 맨해튼의 플라자호텔로 불렀습니다. 엔화 가치를 크게 높일 것을 요구합니다. 이른바 플라자합의Plaza Accord입니다.

일본은 왜 이 터무니없는 요구를 받아들였을까? 이유야 간단합니다. 미국은 힘이 셉니다. 카지노 주인처럼.

3년 뒤 엔화값은 거의 두 배로 오릅니다. 이제 미국에서 1만 달러에 팔던 도요타 캠리를 2만 달러에 팔아야 합니다. 그 후 일본은 서서히 성장률 1퍼센트 국가로 가라앉았습니다.

트럼프 대통령은 2019년 5월에 갑자기 트윗 하나를 날렸습니다. 내용이 간결합니다. '중국산 수입품에 부과되는 관세를 10퍼센트에서 25퍼센트로 인상.' 중국 주요 증시는 이날 5퍼센트 이상 폭락했습니다. 충격은 다음 날 뉴욕 증시로 옮겨갔습니다. 다우지수는 넉 달 만에 최대 폭으로 급락했습니다. '글로벌 무역 질서'라는 단어가 무색해집니다.

중요한 건 카지노 주인이 결정합니다. 트럼프 대통령이 아직 유럽차에 대해선 트윗을 날리지도 않았는데, 이날 유럽 완성차 기업들의 주가는 미리 급락했습니다.

이상한 장면 하나. 한국이 오염된 일본 수산물을 수입하느냐 마느냐 하는 분쟁이 생겼다. WTO 분쟁해결기구가 한국의 손을 들어줬다. 국제 교역 과정에서 억울한 일이 생기면, 이렇게 WTO가 옳고 그름을 가려준다. 이 세계 기구의 표어는 이것이다. '누구든 자유무역을 해하지 말지어다.'

그런데 트럼프 대통령은 툭하면 중국산 제품에 고율의 관세를 부과합니다. 멕시코 불법 이민자 때문에 화가 나자, 멕시코산 자동차에 보복관세를 매긴다고 합니다. 멕시코 이민자와 자유무역은 도대체 무슨 관계일까? 지구 한편에선 자유무역 질서를 지키려는 WTO가 있고, 미국 백악관에는 이 질서를 전혀 신경 안 쓰는 최강대국 대통령이 있습니다. 이쯤 되면 궁금해집니다. 트럼프 대통령에게 자유무역이란 무엇일까?

미국이 중국을 향해 어깃장을 놓는 품목엔 미국의 미래 먹거리가 잔뜩 들어 있습니다. 누가 봐도 보호무역입니다. 주로 신흥국이 자국의 기술보호를 위해 선진국의 수출을 막는 수단입니다. 그런데 요즘은 미국이 보란 듯이 이 카드를 씁니다. 2020년 2월, 미 무역대표부 USTR는 EU를 향해 110억 달러의 보복관세를 부과했습니다. EU국가들이 에어버스에 주는 보조금이 불만입니다.

그런데 지난해 트럼프 대통령은 해외로 떠나겠다는 위스콘신의 할리데이비슨 공장에 막대한 지원을 약속했습니다. 누구는 되고, 누구는 안 됩니다. 스트라이크존은 무너지고 심판 맘대로입니다. 큰형님 미국의 호혜적, 시혜적 자유무역의 시대는 지나갑니다.

1945년, 제2차 세계대전이 미국의 승리로 끝났습니다. 미국과 서구 열강은 자유무역을 통한 공동 성장을 선택했습니다. 이렇게 도미노처럼 번지는 '공산주의'라는 신사고(?)에 저항했습니다. 관세 및 무역에 관한 일반협정 GATT은 그렇게 탄생했습니다. 이후 WTO, IMF 등 자유무역을 향한 다자간 경제체제가 만들어졌습니다.

정치적인 동맹이 필요했던 미국은 경제적 동맹의 이름으로 정치적 동맹을 맺었습니다. 미국은 그렇게 동맹국들에게 나눠주고 베풀며 함께 성장했습니다. 마침내 세계 최대 무역적자국이 됐습니다.

세월이 흘러 냉전이 깨졌습니다. 그런데 미국의 무역적자가 계속 불어납니다. 사실 미국의 무역적자는 지구촌 달러의 유통을 촉진합니다. 미국의 무역적자 덕분에 지구에 달러가 넉넉하게 공급됩니다. (미국이 자꾸 수입만 하면 달러가 해외로 빠져나갑니다. 달러가 흔해지고, 너무 흔해지면 달러 가치가 급락할 수 있습니다. 그럼 기축통화의 위상이 흔들립니다. 반대로 미국이 수출을 너무 잘하면 달러가 미국으로 회수됩니다. 전 세계인이 써야 하는 달러의 유통범위가 축소됩니다. 역시 기축통화 달러의 지위가 흔들립니다. 이를 예일대 교수였던 트리핀이 발견했습니다. 그래서 트리핀의 딜레마Triffins's dilemma라고 합니다.)

미국의 적자는 어디까지 가능할까? 무역으로 달러를 많이 벌어 간 나라에서는 자국 화폐(위안화나 원화) 가치가 올라야 합니다. 환율이 자율 조정되며 미국의 무역적자가 줄어야 합니다. 그런데 이런 원칙이 잘 작동하지 않습니다. 게다가 미국의 최대 무역적자를 유발하는 최대 무역흑자국은 공교롭게도 사회주의 국가입니다. 미국의 수많은 투자은행이 얼마 지나지 않아 G1이 될 것이라고 전망한 그 나라, 중국입니다.

그러니 무역전쟁이 아니라 패권전쟁입니다. 누가 카지노 주인이 될 것인가. 트럼프가 백악관에서 자유무역의 깃발을 내린 건 어쩌면 당연해 보입니다.

'미국인의 이익이 지구인의 이익에 우선한다'는 구호는 이제 현실이 됐습니다. 그러자 지구인 중 가장 앞선 문명을 보이던 EU마저 공동의 이익에 시들해졌습니다. 민주주의를 발명한 문명국가 영국은 이미 조직을 탈퇴했습니다. 유럽의 번영을 위한 다자간체제 EU가 흔들립니다.

그러고 보니 EU라는 경제공동체도 태생적으로는 정치적 동맹입니다. 사실은 지긋지긋한 전쟁을 하지 않으려고 만든 경제공동체가 바로 EU입니다.

바야흐로 공생을 위한 자유무역의 시대는 지나고, 각자도생의 시대입니다. 글로벌 공동 번영의 상징 WTO는 저물고 있습니다.

생각해 보니 의문이 듭니다. 미국이 왜 선한 지도자가 돼야 할까? 그렇게만 된다면 미중 무역 갈등이 봉합될지 모릅니다. 미국와 EU 간 무역 갈등도 언젠가 마무리가 될 겁니다. 미국이 다시는 한국산 세탁기에 보복관세를 안 매길지 모릅니다. 그런데 왜 그래야 할까?

그것은 최대 강대국 미국의 이익에 상치됩니다. 1929년 대공황이 터지고 그때도 미국은 보호무역을 택했습니다. 농업과 공업제품 전반에 높은 보복관세를 부과했고, 유럽도 곧바로 대응했습니다. IMF와 세계은행은 미중 무역전쟁이 모두에게 상처를 줄 것이라고 경고합니다. 그런들 트럼프의 보호무역이 멈출 것 같지 않습니다. 그는 툭하면 "나는 세계의 대통령이 아니고 미국의 대통령이다"라고 말합니다.

다시 선의 힘이 악을 이기고 무역장벽을 허물어 나갈까? (글로벌 교역시장이 무슨 〈스타워즈〉인가?) 트럼프 대통령 이후의 선한 지도자는 다시 자유무역의 깃발을 들까? 그럴 동력이 약해졌습니다. 최강대국 미국이 손해 보는 시대는 지나갑니다.

트럼프 집권 이후 미국의 대한국 수출은 크게 늘고, 한국의 대미 수출은 빠르게 줄고 있습니다. '아프니까 신흥국이다.' 적응할 시간입니다. 다시 사대의 예를 다할 시간입니다.

그러고 보니 시장경제 이후 자유무역은 늘 경우의 수 중 하나였을 뿐입니다. 그들은 늘 그들이 유리할 때만 자유무역을 선택했습니다. 우리가 잠깐 잊고 있었을 뿐.

지구인은 언제까지
달러를 사용할까?

친구들끼리 고스톱을 치는데 옆방에 가서 돈을 마음대로 찍어낼 수 있는 친구가 있다면? 그 친구가 바로 미국입니다. 미국은 우리 IMF 외환위기 같은 위기가 애초에 올 수 없습니다. 위기가 오면 달러를 찍어 내면 됩니다. 그게 가능합니다.

기축통화 달러의 힘은 경이롭습니다. 러시아 항공사가 프랑스에 가서 A380 여객기를 사면서 유로화로 결제할까요, 루블화로 결제할까요? 달러로 결제합니다. 미국인에게는 정말 판타스틱합니다. 전 세계인이 교역을 하면서 달러를 씁니다. 그러니 아무리 달러를 찍어내도 미국 땅 안에서는 돈의 가치가 잘 안 떨어집니다. 인플레이션이 안 생깁니다.

그러니 미국은 급하면 달러를 찍어내면 됩니다. 달러가 지나치게 흔해지면 해외에서는 달러값이 떨어져야 할 것 같습니다. 그런데 위기가 찾아오면 다들 불안해서 달러를 찾습니다. 그래도 가장 늦게 망할 나라 아닌가 하는 것입니다. 달러 수요가 달러값을 또 끌어올립니다. 달러는 지구 경제가 참 고맙습니다.

그동안 이 구조가 어떻게 유지됐을까? 일단 전 세계 사람들 주머니에 달러가 적당히 들어 있어야 합니다. 그래야 기축통화입니다. 이 달러는 물론 미국과의 교역에서 번 돈입니다. 그러니 미국의 달러 기축통화가 유지되려면, 적당히 미국의 무역수지 적자가 유지돼야 합니다.

그런데 언제부턴가 중국이라는 나라가 등장했습니다. 뭐든 싸게 잘 만듭니다. 미국인들은 이제 샴푸에서 휴대전화까지 모두 중국산을 씁니다. 지상 최대 소비국가 미국은 단연 중국산 제품을 가장 많이 수입합니다. 중국은 미국과의 장사에서 한 해 300조 원 이상을 벌어갑니다(중국해관총서).

중국은 이렇게 벌어들인 달러를 어디에 쓸까요? 이게 또 재밌습니다. 제일 안전한 달러와 미 국채를 사들입니다. 그것 말고 막상 쇼핑할 게 마땅치 않습니다. 중국의 외환보유고에 달러가 차곡차곡 쌓였습니다. 미국에 수출을 가장 많이 하는 나라도 중국이지만, 빚쟁이 나라 미국에 돈을 가장 많이 빌려준 나라도 중국입니다. 이렇게 용형호제로 살아왔습니다. 미 국채가 안정적으로 팔리면서 미국 정부는 재정을 확보하고, 덕분에 달러 가치도 잘 유지가 됐습니다. 그 어려운 것을 그동안 중국이 해온 겁니다.

그런데 대중 무역적자가 너무 커집니다. 자본집약적인 미국의 수출품은 중국에서 너무 안 팔립니다. 중국 땅에서 포드 토러스는 원래 안 팔렸는데, 이제는 아이폰까지 안 팔립니다. 반면 중국은 좁쌀 같은 스마트폰까지 미국에 수출합니다. 이렇게 자꾸 미국산이 안 팔리면 기축통화 달러도 흔들릴 수 있습니다.

100여 년 전, 갑자기 인디언 땅으로 이민 갔던 유럽인들이 뭔가를 만들어 수출하기 시작하더니, 얼마 안 돼 지구인들은 미국산에 익숙해졌습니다. 그렇게 파운드화 대신 달러화를 쓰기 시작했습니다. 이러다 혹시 지구인들이 위안화를 쓰게 되는 건 아닐까?

미중 무역전쟁의 본질은 여기 있습니다. 그래서 흔히 패권霸權전쟁이라고 합니다. '주먹왕 랄프', 아니 트럼프 대통령이 나섰습니다. 툭하면 보복관세를 부과합니다. 그는 20여 년 전 한국의 농민들이 가두시위에서 외쳤던 질문을 합니다. "왜 자유무역이 모두에게 좋은 것이고 생각하는가?"

미국은 세계 최고의 군사대국입니다. 반세기 넘게 일어난 거의 모든 전쟁의 중심에 미국이 있습니다. 그리고 수많은 전쟁의 역사에는 화폐 문제가 숨어 있었습니다. 제2차 세계대전도 그렇게 터졌습니다. (제1차 세계대전에서 진 독일은 막대한 전쟁배상금을 물어야 했습니다. 화폐를 무작정 찍어냈고, 유례없는 하이퍼인플레이션을 만났습니다. 혼란에 지친 독일국민들은 결국 나치당을 선택했습니다. 히틀러는 이렇게 합법적으로 총선 승리를 통해 집권했습니다.) 그리고 1985년 플라자합의, 엔화에 대한 강압적인(?) 평가절상이 이뤄집니다. 그때 미국 무역적자의 절반가량이 일본 때문에 생겼습니다. 지금 미국 무역수지 적자의 절반가량이 중국 때문에 일어납니다.

미국의 관세폭탄에 중국은 어떻게 대응할까? 중국 정부는 보란 듯이 위안화 가치를 떨어트리고 있습니다. 2020년 10월 기준으로 1달러는 7위안에 조금 못 미칩니다. 인민은행이 돈을 마구 풀고 있습니다. 높아지는 위안화 하락 압력을 묵인해 줍니다.

홧김에 곳간에 쌓아둔 달러를 팔아 버리는 방법도 있습니다. 실제 미 대선 직전에 뭉텅이로 매도한 적도 있습니다. 하지만 달러화 가치가 떨어지면 중국 곳간에 쌓아둔 달러값도 떨어집니다. 자해공격이 정답이 아닙니다. 무엇보다 주먹왕 랄프를 더 화나게 할지 모릅니다.

미중 무역전쟁이 악화일로입니다. 트럼프가 그토록 단언했던 대중 무역적자는 줄지 않고 있습니다. 오히려 중국의 대미 수출은 10퍼센트 이상 늘었습니다. 이 힘겨루기의 끝은 어디일까?

달러화 환율이 급변하면 자칫 주변국의 외환위기를 불러옵니다. 1982년 중남미 국가들이, 1990년대 후반 아시아 국가들이 그랬습니다. 몇 해 전엔 미국이 금리를 올려서 망할 뻔한 나라도 있습니다. 이 모든 게 지구인들 전부 달러를 쓰기 때문입니다.

참, 트럼프 대통령은 한때 플라자호텔을 소유했습니다. 그때 영화 〈나홀로 집에〉에도 출연했습니다. 영화 속에서 트럼프는 플라자호텔에서 헤매는 케빈에게 친절하게 길을 알려줍니다.

트럼프는 적자 수렁에서 미국의 무역수지를 구할 수 있을까? 기축통화 달러를 지킬 수 있을까?

트럼프는 1995년, 플라자호텔을 팔아치웠습니다.

산 사람을 존중하지 않는 사회는
아이가 태어나길 바랄 자격이 없다

어느 잘사는 마을이 있습니다. 인재가 많습니다. 좋은 직장에 다니는 사람도 많고, 가구 소득도 높습니다. 스포츠며 음악이며 못하는 게 없는 사람들입니다. 참 번듯합니다. 심지어 자기네 말을 쓰는 영화로 아카데미 작품상을 받습니다. 그런데 그 마을 사람들은 좀처럼 결혼을 하지 않습니다. 애를 낳지 않으려 합니다. 툭하면 자살을 합니다. 자살 비율이 다른 마을보다 훨씬 더 높습니다.

이 마을은 정상이라고 할 수 있을까?

코로나19로 찾아온 위기, 시장경제는 다시 새로운 해법을 찾고 있습니다. 그중 하나가 기본소득입니다. 정기적으로 그리고 누구든 매월 일정한 금액을 준다는 기준이 있습니다. 하지만 언제부터 얼마나 줘야 할까. 정답을 찾기가 쉽지 않습니다. 열 가지 이유를 들어 반대합니다. 반대를 위한 온갖 레토릭들이 쏟아져 나옵니다.

그래도 뭐라도 해야 할 때입니다. 2020년 7월, 영국 통계청은 2분기 성장률이 지난해 같은 기간에 비해 -20.4퍼센트를 기록했다고 밝혔습니다. (연율로 따지면 도대체 영국 경제는 어떻게 되는 것인지…) 시장 경제는 또 위기입니다.

"제 생각엔 그냥 질투인 것 같아요."

친구들, 기업을 경영하시는 분들, 은퇴한 관료, 동네 장사하는 동창까지 사석에서 만나는 많은 분들이 우리 경제를 걱정합니다. 진심이 느껴집니다. 위기가 체감됩니다. 그런데 변화를 말하면 반대 목소리가 더 높아집니다. 그렇게 주 52시간 근로도, 비정규직의 정규직화도, 최저임금의 급격한 인상도 모두 미뤄졌습니다. 그러다 결국 합계출산율은 1.0명 이하로 떨어졌습니다.

언론은 또 야단입니다. 극단적인 대책이라도 내놔야 한다고 합니다. 그러고는 무슨 대책이 나오면 또 반대를 위한 열 가지 레토릭이 등장합니다. 대책은 도마에 오르기가 무섭게 무장해제됩니다. 내년에 대한민국에서 탄생하는 신생아 수는 29만까지 추락할 것 같습니다.

시장경제는 '뭔가 지금 고쳐야 한다'는 명제로 발전해 왔습니다. 그때마다 극심한 반대가 있었고, 무수한 시행착오가 있었습니다. 중요한 것은 우리가 고쳐왔다는 것입니다. 마르크스가 그대로 두면 필연적으로 망한다고 한 시장경제는 그렇게 눈부시게 발전해 왔습니다.

노동자들의 파업이 합법화된 게 1842년, 우리 헌종 8년입니다. 서구 시장경제는 노동자의 파업을 인정해 줬습니다. 당시 기업가들은 왜 이 위험한 동의를 받아들였을까? 유럽에서 누진세가 도입된 것도 100년이 넘습니다. '돈을 더 번 사람이, 더 높은 세율로 세금을 내자'라는 발상은 그야말로 혁명적입니다. 이 발상은 수레바퀴나 상수도의 발명만큼 인류에게 거대한 안전판을 마련해 줬습니다. 이 위험한 도발에 당시 지배계층은 어떻게 동의했을까?

여성이 남성과 동등한 임금을 받아야 한다는 원칙은 미국에서도 1964년에야 도입됐습니다. 일자리 현장에서 실현되기까지는 수십 년이 더 필요했습니다. 당시 미국 사회는 '여성이 어떻게 남성과 동등한 임금을 받는가? 나와 저 깜둥이가 같은 임금을 받아야 한다고?'라는 충격에 빠졌습니다. 그러나 미국 사회는 그 질문을 받아들였습니다. 지금 삼성전자에 입사하는 여성이 남성과 동일한 임금을 받는 것은 그때의 도전과 투쟁이 있었기 때문입니다.

> **"역사는 이렇게 기록할 것이다. 이 사회적 변환기의 최대 비극은 악한 사람들의 거친 아우성이 아니라, 선한 사람들의 소름 끼치는 침묵이었다고…."** 마틴 루터 킹 목사

그러니 뭐든 지금 고쳐야 합니다. 물론 시행착오도 있고, 부작용도 있을 겁니다. 1981년 레이건 대통령은 서민들의 보조금을 대폭 삭감하면서 "이 조치가 서민들의 근로의욕을 북돋을 것"이라고 했습니다. 우리 생각은 자주 틀리고, 계속 틀립니다. 그래도 뭐든 해야 할 시간

입니다.

위기가 또 찾아왔습니다. 그런데도 온통 안 된다는 주장들뿐입니다. 정치권은 오늘도 야당대표와 대통령의 회동을 놓고 싸우고 있습니다.

2012년 공화당의 대선 후보였던 미트 롬니Mitt Romney는 기자들이 소득격차에 대해 물으니 "제 생각에는 그냥 질투인 것 같아요"라는 유명한 답을 남깁니다.

우리가 닥친 문제를 애써 모른 척한다고 그 문제가 해소되는 건 아닐 겁니다. 사회적 약자들이 늘 건강한 것은 아니지만, 위기의 그들을 보호하려는 의도는 늘 건강합니다.

오늘도 우리는 여전히 인구 1만 명당 자살자 비율이 세계에서 제일 높습니다. 하루 평균 38명이 자살합니다. 경제가 망가져 우리에게 비웃음을 산 그리스 자살률의 10배가 넘습니다.

재밌는 사실 하나. OECD 국가 중 우리 다음으로 노동 시간이 긴 멕시코는 공교롭게 인구 1만 명당 살해당해 죽는 인구 비율이 제일 높습니다. 세계에서 일을 가장 많이 하는 한국과 멕시코. 두 나라 중 한 나라는 스스로 죽고, 한 나라는 서로 죽입니다.

모든 게 불확실한 시대. 그래도 하나는 분명해 보입니다. '뭐라도 바꿔야 하지 않을까.'

2020년 10월 방콕에서
김원장

집값의 거짓말

초판 1쇄 2020년 11월 25일

지은이 | 김원장
펴낸이 | 송영석

주간 | 이혜진
기획편집 | 박신애 · 심슬기 · 김다정
외서기획편집 | 정혜경
디자인 | 박윤정
마케팅 | 이종우 · 김유종 · 한승민
관리 | 송우석 · 황규성 · 전지연 · 채경민

펴낸곳 | (株)해냄출판사
등록번호 | 제10-229호
등록일자 | 1988년 5월 11일(설립일자 | 1983년 6월 24일)

04042 서울시 마포구 잔다리로 30 해냄빌딩 5 · 6층
대표전화 | 326-1600 **팩스** | 326-1624
홈페이지 | www.hainaim.com

ISBN 978-89-6574-147-3

파본은 본사나 구입하신 서점에서 교환하여 드립니다.

이 도서의 국립중앙도서관 출판예정도서목록(CIP)은 서지정보유통지원시스템 홈페이지(http://seoji.nl.go.kr)와
국가자료공동목록시스템(http://www.nl.go.kr/kolisnet)에서 이용하실 수 있습니다.(CIP제어번호:2020047297)